BIBLIOTHÈQUE
DES ÉCOLES ET DES FAMILLES

BAKER

EXPLORATION DU HAUT-NIL

PARIS
LIBRAIRIE HACHETTE ET Cie
79, BOULEVARD SAINT-GERMAIN, 79

EXPLORATION

DU

HAUT NIL

SIR S. WHITE BAKER ET SA FEMME.

BIBLIOTHÈQUE

DES ÉCOLES ET DES FAMILLES

EXPLORATION

DU

HAUT NIL

RÉCIT D'UN VOYAGE DANS L'AFRIQUE CENTRALE

PAR

SIR S. WHITE BAKER

ABRÉGÉ PAR H. VATTEMARE

PARIS

LIBRAIRIE HACHETTE ET Cie

79, BOULEVARD SAINT-GERMAIN, 79

1880

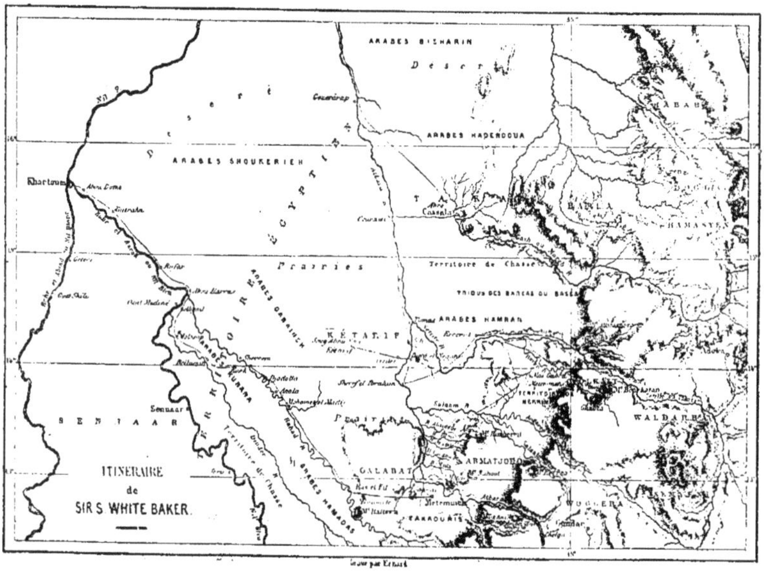

Gravé par Erhard

LES AFFLUENTS ABYSSINIENS DU NIL.

AVANT-PROPOS

C'est en cherchant la source du Nil que sir Samuel Baker découvrit l'une des grandes mers intérieures de l'Afrique centrale[1], à laquelle il donna le nom d'Albert-Nyanza, ou lac Albert, en l'honneur du prince-époux de la reine d'Angleterre.

On sait combien, de tout temps, la question de l'origine du Nil a préoccupé les géographes. Sous le règne de Néron[2] furent trouvés, à 9° de latitude nord, les grands marais, dont le principal est le lac Nô. Un siècle après, le plus illustre des géographes anciens, Ptolémée[3], déclara que le Nil avait ses sources dans deux lacs placés

1. Les autres sont le lac Victoria, découvert par Speke et Grant en 1858 et 1862, le lac Tanganyka, découvert par Burton et Speke en 1858, etc. Le lac Albert, dont le nom indigène est *M'vouta-Nzighé*, très inférieur en étendue, on le sait depuis 1877, époque à laquelle Mason-Bey en a fait le périple, a une forme allongée et s'étend entre le 1er et le 3e degré de latitude nord.

2. Néron, 5e empereur romain, né an 37 de notre ère, mort en 68. En lui finit la maison des Césars.

3. *Claudius Ptolemæus*, astronome grec, né dans les premières années du IIe siècle. Il commença ses travaux vers 128 et les poursuivit pendant 40 ans. Il a donné son nom au système astronomique renversé par Copernic et suivant lequel le soleil, les planètes et les astres tournent autour de la terre qui reste immobile.

sous le même parallèle[1]. Pigafetta, navigateur italien du XVIe siècle, plaçait ces sources dans des lacs situés dans une position contraire à celle indiquée par Ptolémée. Deux cents ans plus tard, l'Écossais Jacques Bruce, découvrant les sources du Nil Bleu[2], le 5 novembre 1770, crut avoir trouvé les sources véritables du Nil.

A ce sujet, les explorations modernes ne laissent plus aucun doute. Si l'on ignore encore l'emplacement exact des sources de ce grand fleuve, on sait, grâce aux voyages de Speke et de Baker, qu'il sert de déversoir aux lacs Victoria et Albert. Sortant du premier sous le nom de Nil Somerset, il se rend dans le second, d'où il s'échappe sous le nom de Nil Blanc (Bahr-el-Abiad), et de là poursuit majestueusement son cours jusqu'à la Méditerranée.

Dans le cours de l'expédition qu'il allait entreprendre, sir S. Baker espérait rencontrer les capitaines Speke et Grant, qui parcouraient l'Afrique orientale et qui étaient partis de Zanzibar avec une mission du gouvernement anglais, ayant également pour objet la recherche des sources du Nil.

Il n'avait pas la présomption de faire connaître le but de son voyage, car jusqu'alors les sources du Nil semblaient enveloppées d'un voile mystérieux, mais sa résolution intime était d'accomplir cette tâche si difficile au péril même de sa vie.

Dès sa jeunesse il s'était endurci à la fatigue et aux pri-

1. Les parallèles sont les cercles parallèles à l'équateur, imaginés pour numéroter les degrés de latitude, c'est-à-dire ceux à l'aide desquels on mesure la distance des pôles à l'équateur. De l'équateur au pôle il y a 90 degrés.

2. Le Nil Bleu (Bahr-el-Azrek) naît en Abyssinie, traverse le lac Dembéa ou Tsana et se réunit au Nil Blanc à Khartoum, après un cours d'environ 1600 kilomètres.

vations dans les pays tropicaux, particulièrement à Ceylan, et il se disait qu'à force de persévérance il parviendrait à pénétrer jusqu'au cœur du continent africain. Il était soutenu, d'ailleurs, par un sentiment patriotique. D'un côté, la reconnaissance, par Bruce, du Nil Bleu ou Nil inférieur, appartenait à l'Angleterre. De l'autre, il savait que son compatriote Speke, parti du sud, était déjà en route, et il avait la conviction que son courageux ami ferait le sacrifice de sa vie plutôt que d'accepter l'humiliation de l'insuccès.

S'il avait été seul, sir S. Baker aurait considéré sans crainte la perspective de mourir sur la route où il s'aventurait le premier. Mais sa jeune femme!

« Je devais, écrit-il, songer à celle qui, tout en étant la cause de ma plus grande consolation, réclamait aussi mes soins les plus assidus. Elle était si jeune, que l'âge mûr était encore pour elle une question d'avenir. Je frissonnais en pensant que ma mort aurait pour effet de l'abandonner seule et sans protection au milieu des déserts; et c'est avec bonheur que je l'eusse laissée environnée des douceurs du foyer domestique, au lieu de l'exposer aux privations qui lui semblaient réservées en Afrique.

« En vain je la suppliai de rester; en vain je lui dépeignis les difficultés et les périls du voyage en traits plus sombres que je ne me les figurais moi-même: avec la constance et le dévouement de son sexe, elle était résolue à partager tous mes dangers et à me suivre dans le rude sentier de la vie sauvage qui s'ouvrait devant moi. A des objections analogues, Ruth[1] n'avait-elle pas répondu : « Ne vous opposez point à moi, en me portant à vous

1. Livre de Ruth, I, 16, 17.

quitter et à suivre une autre route, car, en quelque lieu que vous alliez, j'irai avec vous, et partout où vous demeurerez, je demeurerai aussi : votre peuple sera mon peuple et votre Dieu sera mon Dieu. La terre où vous mourrez me verra mourir, et je serai ensevelie où vous le serez. Que Dieu me traite dans toute sa rigueur, si jamais autre chose que la mort me sépare de vous. »

Telles furent, à peu près, les raisons que madame Baker opposa aux objections de son mari. Celui-ci dut s'incliner devant une volonté si fermement et si tendrement exprimée, et ce fut en compagnie de sa courageuse femme qu'il entreprit et accomplit un voyage si fertile en dramatiques péripéties[1].

Mais dès les premiers jours de son voyage, sir S. Baker acquit la conviction que le succès de sa future expédition serait impossible s'il ne connaissait pas la langue arabe. S'étant trouvé tout à fait à la disposition de son interprète, il résolut de se rendre, aussitôt que possible, maître de cette langue.

Il avait un autre objectif encore. Avant d'aborder directement la question des sources du Nil, il voulait étudier les affluents que le Nil reçoit d'Abyssinie. Il en résulta une série d'explorations qui durèrent près d'une année et démontrèrent au voyageur que, si le cours permanent du fleuve est entretenu par le réservoir des pluies équatoriales, l'inondation est produite exclusivement par les rivières abyssiniennes; et que ces rivières, aux eaux furieuses, non seulement font déborder le fleuve, mais y apportent la terre vé-

1. Au retour de ce voyage, en 1867, à Paris, sir S. Baker rendit à sa jeune femme un public hommage en lui offrant, au milieu d'unanimes applaudissements, la grande médaille d'or qu'il venait de recevoir des mains du président de la Société de Géographie.

gétale de plateaux qu'elles ravagent; d'où la fécondité des rives où ce limon est déposé et la formation du delta égyptien.

A cette étude importante, faite dans un pays giboyeux entre tous, se joignirent des chasses merveilleuses qui enrichirent l'escorte du voyageur et qui permirent à celui-ci de faire régner l'abondance sur tous les points où il s'arrêta.

Ces deux voyages n'ayant qu'un même but, nous allons les raconter. Scènes de chasses, scènes de mœurs, rien n'y manque; le tout couronné par la découverte du lac Albert, l'un des réservoirs du grand Nil.

HIPPOLYTE VATTEMARE.

EXPLORATION DU HAUT NIL

CHAPITRE PREMIER

Le système fluvial de l'Abyssinie. — L'Atbara, le Nil Bleu et leurs affluents.

Le 15 avril 1861, sir S. Baker, en compagnie de sa femme, partit du Caire pour remonter le Nil.

Vingt-six jours après, il arrivait à Korosko. Au lieu de se diriger sur Khartoum, il remonta l'Atbara[1] jusqu'à 354 kilomètres de son confluent avec le Nil; puis, laissant cette rivière à droite, il prit au sud et prit la direction de Cassala, qui est au nord de la frontière d'Abyssinie. Il y arriva le 9 juillet. Depuis qu'ils avaient quitté le bateau du Nil, les deux voyageurs avaient fait, soit à dos d'âne, soit à dos de chameau, 1836 kilomètres dont 1710 dans le désert de Nubie; et cela en été : 45° de chaleur à l'ombre des bagages, 58° au soleil.

« Même à cette époque, dit sir S. Baker, le désert n'est pas toujours horrible. Les nuits sont fraîches et pures : le ciel est couvert d'étoiles; l'horizon se rapproche, les collines, à la clarté de la lune, prennent des formes étranges; et le calme

1. L'Atbara, affluent de la rive droite du Nil, sort des hauteurs qui couvrent, au nord, le lac Dembéa (lac d'Abyssinie de 700 kilomètres de tour). Il forme, avec le Nil, ce que les anciens nommaient l'île Méroé. Il abonde en hippopotames et en crocodiles.

qui vous entoure, dans cette solitude mystérieuse, revêt un caractère surnaturel qui est plein de charme. Pas un moustique, pas un de ces insectes qui sont la plaie des pays chauds. Dès que le soleil a disparu, vous jouissez d'un bien-être parfait.

« Mais le soleil revient; la plaine est sans limite; toujours du sable qui étincelle, des rochers qui s'embrasent. Aux rayons dévorants se joint l'haleine absorbante du simoun[1]; le bois est tordu, l'ivoire se fend, le papier se brise dès qu'on le froisse; la moelle des os se dessèche; les outres sont vides. La poussière emplit les oreilles, bouche les narines; elle passe en nuées épaisses, forme des colonnes de plus de mille pieds de haut, qui traversent la plaine en tournant, ou fuient dans tous les sens, au gré de chaque tourbillon.

« Même sur les bords du fleuve, à part le fourré de mimosas et les bouquets de doums qui marquent la rive, c'est toujours la plaine ardente. Et, pour franchir cette fournaise, on n'a qu'une monture exécrable. De toutes les fatigues, la plus affreuse est celle que produit le mouvement du chameau: un balancement nauséeux qui vous brise. Si, perdant patience, vous faites prendre le trot à votre bête, le supplice de la roue n'était rien auprès de ce jeu de votre épine dorsale, qui, lancée comme par un marteau de forge, vous défonce le crâne. »

Il y a bien l'hedgin, le dromadaire pur sang, dont l'amble délicieux fait 1600 mètres, en six minutes, et se soutient, sans faiblir, pendant neuf ou dix heures; mais l'Arabe estime beaucoup trop sa monture pour la louer à un étranger.

Sortis de Cassala le 15 juillet, M. et madame Baker prirent à l'ouest pour retrouver l'Atbara. Ils eurent à lutter contre des difficultés toujours croissantes, dues à la nature du sol; c'était une terre humide où s'enfonçaient les chameaux et qui, s'attachant à leurs pieds spongieux, les arrêtait sans cesse. Au bout

1. Vent brûlant de l'Afrique.

TRAVERSÉE DU DÉSERT.

de quinze jours, ils atteignirent Sofi, sur la rive droite de l'Atbara.

Sofi n'était qu'un misérable village d'une trentaine de cabanes, mais dans une situation merveilleuse. Un maçon allemand s'y était construit une maison en pierre, la seule de l'endroit, et l'habitait depuis quelques années. Cet homme, nommé Florian, fort habile chasseur, avait parcouru dans tous les sens une partie de la région que Baker se proposait de visiter ; il pouvait donner de précieux renseignements, et c'était pour le consulter que notre voyageur était venu à Sofi.

Plus moyen de vivre dehors : il fallait s'installer. La chose était facile. « Pour dix piastres, qui font deux francs cinquante, j'achetai, dit Baker, un logis d'une propreté remarquable. C'était là un prix modeste et que n'aggravait aucune dépense légale. Dans ce pays pratique, le transfert de l'immeuble s'opère en mettant la toiture sur les épaules d'une trentaine d'hommes, et en la faisant déposer à l'endroit qui plaît à l'acquéreur. La mienne fut donc saisie et portée en triomphe, pendant que les baguettes dont se composait la muraille se dressaient à la place où nous étions campés. Trois heures après, j'étais propriétaire d'un franc domicile, avec parc immense et points de vue magnifiques. J'avais des bois superbes, l'Atbara à mes pieds et le bourg de Sofi à ma porte ; droit de chasse dans toutes les provinces de l'Abyssinie et du Soudan ; droit de pêche dans tout l'Atbara et les cours d'eau voisins ; tout cela sans taxe des pauvres, sans dîmes, sans charge d'aucune espèce. »

Baker acheta deux nouvelles cases ; et bientôt, selon son expression, sa demeure eût fait envie à Robinson. La vue plongeait dans la vallée, à une distance d'environ 8 kilomètres. Tous les jours, à l'aide de son télescope, Baker épiait les animaux sauvages qui paissaient tranquillement sur la rive gauche de l'Atbara, où le pays était désert, et auxquels il allait bientôt déclarer une guerre acharnée.

Mais, avant de raconter les expéditions cynégétiques, nous allons, d'après les renseignements fournis par notre voyageur, jeter un coup d'œil général sur les cours d'eau de l'Abyssinie, afin d'expliquer l'origine de leurs débordements et leur influence sur la basse Égypte.

Pendant la saison des pluies, l'Atbara remplit un lit d'environ 450 mètres de largeur, sur une profondeur de 8 à 10 mètres. Il conduit au Nil les eaux de l'Abyssinie orientale.

Quant au fleuve, depuis le confluent de l'Atbara jusqu'à la Méditerranée, il parcourt bien 1770 kilomètres et, durant ce long espace, il est soumis à l'évaporation et à l'absorption dans les sables du désert ; nécessairement, il y perd une immense quantité d'eau ; c'est donc immédiatement au-dessous de ce confluent que le Nil égyptien doit avoir son plus grand volume.

Toutes les eaux de l'Abyssinie descendent par l'Atbara et le Nil Bleu. Leur direction uniforme est du sud-est au nord-ouest ; elles atteignent le Nil sur deux points, par le Nil Bleu, à Khartoum, par 15° 30′ de latitude nord, et par l'Atbara, en amont de Berber, par 17° 40′.

Pendant la saison sèche, le Nil Bleu est si bas, qu'il n'est même plus assez fort pour les petits bâtiments qui transportent les marchandises du Sennaar[1] à Khartoum ; son eau est alors d'une transparence admirable, et réfléchissant, comme elle le fait, un ciel sans nuage, elle lui a valu le surnom de Bahr-el-Azrek ou Nil Bleu. Cette eau de pluie, excellente au goût, fait un contraste frappant avec celle du Nil Blanc, qui n'est jamais limpide et qui tire une saveur désagréable des matières végétales entraînées par son courant.

Cette différence dans la qualité des eaux est le caractère dis-

1. Le Sennaar, sur les deux rives du Nil Bleu (Bahr-el-Azrek), à l'est du Nil Blanc (Barh- el-Abiad), est, depuis 1822, une province égyptienne. C'était jadis un royaume puissant. La dernière dynastie, celle des Foungis, venue du Soudan, a duré 336 ans (1484-1820). Cette région fait avec l'Égypte un commerce actif, consistant en ivoire, cuccus, gomme, parfums, plantes médicinales et plumes d'autruche.

tinctif des deux rivières. Le Nil Bleu, torrent rapide sortant des montagnes, se précipite avec une immense vitesse ; le Nil Blanc, au contraire, coule à travers de vastes marécages. Le Nil Bleu arrose un terrain fertile ; il est donc sujet à une légère absorption qui lui fait perdre de son volume ; mais pendant la saison des pluies il entraîne avec lui une grande quantité de matière terreuse d'une couleur rouge qui contribue à la fécondité des rives où ce limon est déposé, et à la formation du delta égyptien [1].

Quoique l'Atbara, durant la saison pluvieuse de l'Abyssinie, ait l'importance que nous avons indiquée plus haut, il reste parfaitement à sec durant plusieurs mois de l'année. Lorsque sir S. Baker le vit pour la première fois, le 13 juin 1861, c'était une nappe de sable éblouissant : il formait, pour ainsi dire, partie du désert qu'il traversait. Sur une étendue de plus de 240 kilomètres, à partir de sa jonction avec le Nil, l'Atbara est complètement à sec depuis le commencement de mars jusque en juin. A des intervalles de plusieurs kilomètres, on voit des flaques d'eau dans les profondes cavités qui sont au-dessous du niveau moyen de la rivière. Quelques-uns de ces étangs ont quinze à seize cents mètres de longueur, et servent de refuge aux animaux qui, à mesure que la rivière tarit, cherchent dans ces étroits domiciles un abri où ils ne sont guère à leur aise. Crocodiles, hippopotames, poissons et tortues d'une grande espèce, s'y trouvent entassés en quantités prodigieuses, jusqu'à ce que le commencement des pluies leur rende la liberté en alimentant de nouveau la rivière. La saison pluvieuse s'ouvre, en Abyssinie, au milieu de mai. Cependant,

1. Grand territoire triangulaire compris entre les deux bras du Nil, dits branches Canopique et Pélusiaque, et la Méditerranée. Son nom lui vient de la ressemblance de la configuration du sol avec la lettre grecque Δ (delta). C'est pour la même raison qu'on a donné le nom de deltas aux terrains situés entre les deux bouches extrêmes de certains grands fleuves, tels que le Danube, le Pô, le Rhin, le Rhône (Camargue) en Europe, l'Indus et le Gange en Asie, le Mississipi en Amérique, etc.

comme les longues chaleurs de l'été ont desséché le sol, les premières pluies sont immédiatement absorbées, et ce n'est que vers la mi-juin que les torrents commencent à se remplir. Depuis cette époque jusqu'au milieu de septembre, les orages sont terribles ; chaque ravin se transforme en un torrent impétueux, les arbres sont déracinés par la furie des eaux, et l'Atbara devient un vaste fleuve, emportant, dans son cours irrésistible, les eaux de quatre grandes rivières : le Khor-el-Gach, la Settite, le Salaam et l'Angrab, sans compter les siennes propres[1].

De même que le Nil Bleu et l'Atbara reçoivent toutes les eaux de l'Abyssinie, ainsi, à leur tour, ils payent leur tribut au Nil proprement dit vers le milieu de juin. Celui-ci a atteint alors un niveau considérable, mais non pas le plus élevé possible ; et les inondations annuelles de la basse Égypte résultent de ce que les eaux qui descendent de l'Abyssinie se précipitent, avec une impétuosité soudaine, dans le lit principal du fleuve que le Nil Blanc a déjà élevé à un certain niveau.

L'absorption remarquable qui distingue le sable de l'Atbara, prouve d'une manière frappante combien le Nil Bleu, isolé, serait incapable de traverser le désert de Nubie. Sans le volume d'eau constant fourni par le Nil Blanc, le désert boirait jusqu'à la dernière goutte d'eau avant que la rivière pût franchir toutes les cataractes qui précèdent Assouan[2].

Les principaux affluents du Nil Bleu sont le Rahad et le Dender ; leur source est en Abyssinie, comme celles de toutes les rivières qui viennent d'être nommées. Le Rahad est en-

1. Depuis la publication de ce voyage de sir S. Baker, la maison Hachette a édité un très remarquable ouvrage de M. Arnauld d'Abbadie, intitulé *Douze ans dans la haute Ethiopie ou Abyssinie*. D'après la carte qui s'y trouve jointe, les principaux affluents de l'Atbara sont le Khor, le Krâsh ou Takkagé ; le Salaam, moins considérable, reçoit l'Angrab. Les deux affluents du Nil Bleu paraissent peu importants et sont nommés Rahad et Dender.

2. Assouan, île et ville de la haute Égypte, la Syène de l'ancienne Thébaïde, est située sur la rive droite du Nil, auprès de la première cataracte. Elle renferme de belles ruines. Les Français y défirent les mameloucks le 16 mai 1799.

tièrement à sec pendant l'été, et le Dender, à la même époque, est réduit à une série de flaques d'eau très profondes, séparées par des bancs de sable, le lit de la rivière étant tout à fait à découvert. Ces flaques d'eau, comme celles de l'Atbara, servent de retraite aux hippopotames et aux autres habitants naturels du fleuve.

CHAPITRE II

Le haut Atbara. — La tribu des Hamrans. — Chasse à la girafe et à l'hippopotame

Nous avons dit, dans le chapitre précédent, que, grâce à sa lunette, Baker voyait, sur la rive gauche de la rivière, une foule d'animaux sauvages paissant librement. Parmi eux se trouvait un troupeau de soixante-seize girafes ! Mais, pour les atteindre, il fallait traverser l'Atbara, alors dans tout son plein : 200 mètres de largeur et 12 mètres de profondeur.

Au moyen d'une nacelle, creusée dans un tronc d'arbre et remorquée par des nageurs, le courant fut traversé et l'on escalada la berge. La vallée ne présentait que déchirures et rocailles, ruisseaux et ravins de 18 mètres de profondeur, grès à nu, rochers et buissons, forêts de mimosas[1], bref, le meilleur des terrains de chasse.

En les observant avec sa lunette, Baker avait remarqué que les girafes se plaçaient d'habitude sur un point élevé d'où elles voyaient à une grande distance. Il fit un détour de 8 kilomètres, afin de rejoindre la bande par en haut, et s'approcha, en ayant soin de se tenir sous le vent.

« Un buisson pouvait me servir d'abri, dit Baker ; tout allait pour le mieux, lorsque je vois que la bande a changé de place, qu'elle a le vent pour elle, que je suis à deux cents pas du

[1] Genre de légumineuses qui constitue la nourriture de prédilection des girafes.

grand mâle et qu'il est juste en face de nous. Deux autres s'approchent de lui. Tout à coup, la brise m'effleure; elle est d'une fraîcheur délicieuse, mais elle va nous trahir! En effet, à peine ai-je senti ses caresses, que les trois girafes dressent la tête et, attachant leurs grands yeux noirs sur la place où nous sommes, elles demeurent immobiles.

« L'air attentif et la surprise des sentinelles avertissent la bande. Les girafes qui la composent se mettent à la file, rejoignent leurs camarades, puis regardent fixement de notre côté, formant un admirable tableau. Leur robe superbe, qui miroite comme celle d'un cheval de race, se détache en un relief vigoureux sur le vert sombre des mimosas.

« Mais cela ne pouvait pas durer, elles allaient prendre la fuite. N'ayant plus l'espoir de les tirer de près, je résolus de partir avant elles. Il était probable que la bande passerait à angle droit de la place que j'occupais; puis, arrivée au sommet de la côte, elle gagnerait certainement la plaine, dont la surface unie empêcherait toute surprise.

« Ayant appelé mes compagnons d'un signe, je pars à toute vitesse. Les girafes s'élancent; elles fuient d'une allure pesante, mais d'une rapidité incroyable, et, prenant la direction que j'ai supposée, elles m'offrent l'épaule à deux cents pas. Malheureusement, je tombe dans un trou profond caché dans l'herbe et, tandis que je me relève, la bande a gagné du terrain. Mais le chef tourne brusquement à droite pour arriver au plateau. Je prends la diagonale, en courant de toutes mes forces. Lancée à fond de train, la bande passe devant moi, à une distance d'environ 160 mètres. J'ai mon vieux Ceylan, carabine double, qui porte des balles de 32 grammes, et je vise un grand mâle dont la robe est foncée. Le bruit de la balle sur le cuir est suivi de quelques faux pas qui se terminent, au bout de 20 mètres, par une lourde chute au milieu des buissons.

« Ma seconde balle résonne également sur une autre bête,

CHASSE A LA GIRAFE.

mais ne produit aucun effet. Bachit me passe rapidement une carabine simple — balle de deux onces. — Un mâle superbe est ajusté ; il tombe sur les genoux, se relève et prend la fuite en boitant : il a la jambe brisée au défaut de l'épaule ; mes Arabes le rejoignent et l'achèvent.

« Après avoir suivi la troupe sur un terrain glissant et couvert de hautes herbes, ayant fait un mille sans résultat, je revins à mon gibier. C'étaient mes premières girafes ; je les admirai avec tout l'orgueil, toute la satisfaction du chasseur ; mais il se mêlait à ma joie un sentiment de pitié pour ces créatures si belles et si complètement inoffensives. Qui n'a vu la girafe que sous un climat froid ne se fait pas une idée de sa beauté. Sa robe soyeuse a des reflets changeants, suivant la façon dont elle s'éclaire, et ses yeux sont l'exagération ou plutôt le développement de ceux de la gazelle. »

Les indigènes font grand cas de la viande de girafe ; Baker affirme qu'ils ont raison et que jamais il n'en a mangé de meilleure. Tout le reste s'utilise. Singulièrement dure, la peau a l'avantage d'être non moins légère que forte, ce qui la rend précieuse pour la confection des boucliers. Les tendons, d'une grande longueur, sont très estimés des Arabes, qui en emploient les filaments à coudre le cuir et à fabriquer des cordes pour leur rhababa, espèce de guitare.

Il y avait un mois que sir S. Baker était à Sofi lorsqu'il reçut la visite d'une bande de chasseurs arabes de la tribu des Hamrans. D'après ce qu'on lui avait raconté, ces indigènes, dont le territoire est au sud de Kassala, tuaient à l'arme blanche les animaux les plus redoutables. Il voulait engager quelques-uns de ces hommes extraordinaires et les garder tant que durerait son exploration des rivières abyssiniennes. Ces chasseurs savaient les intentions du voyageur et étaient venus se mettre à son serivce.

Sauf par leur chevelure, qu'ils portent très longue et qui, séparée sur le milieu de la tête, est divisée en longues boucles pendantes, les Hamrans ressemblent en tout aux Arabes de ces régions ; comme eux ils sont armés de l'épée et du bouclier. L'épée des Hamrans ne diffère de celle des autres tribus que parce qu'à partir du croisillon de la poignée, la lame est entourée, sur une longueur de 22 centimètres, d'une corde très serrée qui permet de la saisir avec la main droite, tandis que la poignée est tenue de la main gauche ; elle devient ainsi une épée à deux mains.

Les Hamrans, qui ne sont pas assez riches pour avoir des chevaux, ne se mettent que deux pour chasser l'éléphant. Ils s'arrangent de manière à surprendre la bête de dix heures à midi, moment où elle repose : si elle ne dort pas, elle est au moins peu vigilante et d'une approche facile. L'éléphant est-il endormi, l'un des Chasseurs se dirige en rempant vers la tête de l'animal, et d'un seul coup en détache la trompe qui est allongée par terre. L'éléphant se lève aussitôt; mais, affolé par ce réveil affreux, il ne sait pas poursuivre les chasseurs. Le sang coule à flots de la blessure; une heure après, il est mort. Si l'animal est réveillé, c'est par derrière qu'on l'attaque. Les deux jarrets sont alors tranchés l'un après l'autre, et de même que dans le cas précédent, l'hémorragie ne tarde pas à tuer le colosse.

« J'avais dès ma première jeunesse, dit sir S. Baker, passé ma vie à chasser les bêtes sauvages et je m'étais figuré jusqu'ici que j'en savais, à cet égard, autant qu'un autre ; mais il y avait des hommes qui, sans le secours de mes parfaites carabines chargées de balles mortelles, allaient droit au monstre et l'attaquaient à la pointe de l'épée ! J'éprouvais le besoin de me découvrir et de saluer profondément ceux qui étaient devant moi. Mon cœur allait à eux ; nous fraternisâmes sur-le-champ, et ce fut avec bonheur que je songeai à l'époque où nous serions associés. »

Pour cela, il fallait se mettre en route. La saison pluvieuse finissait; le 15 septembre tomba la dernière averse, et l'on quitta Sofi le même jour. Sir S. Baker possédait alors trois chevaux de race abyssinienne, achetés à des chasseurs d'éléphant, et qu'il avait baptisés Gazelle, Tétel et Aggar.

Après divers campements, on s'installa sur la rive droite de l'Atbara, à 200 mètres en aval d'Ouat-el-Négar et à sept heures de la Settite.

A peine sir S. Baker était-il arrivé, qu'on l'invita à chasser un vieil hippopotame qui habitait l'Atbara, à 3 kilomètres du village. On le trouva reposant sur un banc de vase arrivant à fleur d'eau, dans une sorte de bassin formé par un brusque coude de la rivière.

Notre voyageur avait remis un de ses pistolets à l'un des Hamrans, nommé Bachit, qui, posté sur la rive, tira deux coups sur le solitaire. Ces balles n'eurent d'autre effet que d'irriter l'hippopotame; poussant un mugissement effroyable, il chargea Bachit, qui se hâta d'escalader la berge.

C'est à ce moment que sir S. Baker, voyant l'animal à portée, le visa derrière l'oreille.

Ce fut un de ces coups heureux qui dédommagent et consolent le chasseur de tous les coups manqués. L'énorme bête se renversa immédiatement, fouilla l'eau paisible du bassin, faisant surgir de grosses vagues autour de lui, et sombra après d'horribles convulsions.

Au bout d'une heure et demie, on l'aperçut qui flottait à 200 mètres plus bas. Les gens du village étaient arrivés avec des chameaux, des cordes, des couteaux, des haches, pour dépecer et transporter l'hippopotame. L'assaut fut différé, en raison des crocodiles, dont les têtes énormes surgissaient autour du cadavre. On attendit que la dérive eût amené l'animal jusqu'au banc de cailloux situé à 3 kilomètres du bassin où il avait été tué. Alors, à force de bras, on le traîna sur la rive.

C'était une capture superbe: la peau, non compris la tête, mesurait 5^{m},30. Sir S. Baker préleva sur la bête certains morceaux de choix et abandonna le reste à la foule.

Une bande d'hyènes affamées n'aurait pas été plus sauvage. Leurs couteaux furent immédiatement à l'œuvre. La proie à peine livrée, les indigènes se l'arrachèrent et se battirent sur elle comme des loups. On ne vit bientôt plus qu'un amas sanglant. Les uns, plongés dans les entrailles fumantes, se disputaient la graisse; les autres se ruaient sur la viande et se tailladaient réciproquement les mains pour faire lâcher prise à qui tenait un bon morceau. Notre voyageur s'éloigna de cet odieux spectacle qu'il avait déjà vu ailleurs et qui se renouvelle toujours en pareille circonstance.

CHAPITRE III

La Settite. — Chasse à l'éléphant, au rhinocéros et au lion.

A ce moment, sir S. Baker avait complété sa bande. Outre ses gens de service — un interprète, un palefrenier, deux Arabes et une femme chargée de moudre le sorgho et de faire le pain — il avait neuf chameliers, six Takrouris, un traqueur nommé Taher-Nour et trois Hamrans, Abou-Do, Odjali et Soliman, intrépides cavaliers qui réalisaient la fable du centaure : l'homme et la bête ne faisaient qu'un seul individu, qui se repliait dans tous les sens avec la souplesse du reptile.

L'expédition remonta le cours de la Settite.

La région arrosée par cette rivière était fort belle, mais déserte au point que même le sable du bord de l'eau, qui garde, comme la neige, les empreintes les plus légères, ne portait pas trace de pas humains. On s'arrêta dans une île située près de la berge orientale, véritable oasis ombragée par des bosquets de lotus et couverte d'une herbe abondante et fine.

Dès le lendemain, sir S. Baker se mit en chasse. Les Aggagir[1] avaient trouvé les traces d'une bande d'éléphants.

Les chasseurs eurent bientôt gagné l'autre rive du fleuve; tandis qu'ils cherchaient la direction des eaux, un coup de trompette se fit entendre et un superbe éléphant, sortant de la forêt, s'avança majestueusement vers la rivière.

1. Pluriel de *Aggag*, autre nom des Hamrans.

Laissons la parole à sir S. Baker.

« Nous sommes cachés par un banc de sable derrière lequel nous descendons de cheval. La nappe qui sépare la forêt du bord de l'eau est d'une largeur d'environ trois cents pas. C'est, comme nous l'avons dit, une anse de la Settite qui, à partir de là, se détourne à angle droit et rase le pied d'une falaise, composée de galets reliés par un ciment calcaire. Le plan d'attaque est bientôt fait : je vais essayer de rejoindre la bête en rampant à l'abri du banc de sable ; si je ne réussis pas, les Aggagir couperont la retraite à l'éléphant, et nous aurons la chance d'un combat à l'épée.

« J'ouvre la marche, suivi de l'un de mes Takrouris qui porte ma seconde carabine ; Florian nous accompagne. Nous franchissons rapidement la moitié de la distance ; nous sommes encore à cent cinquante pas de la bête, qui vient de gagner la rivière et qui s'est mise à boire.

« Le banc de sable diminue de hauteur, il n'a pas plus de deux pieds ; l'abri est mince, nous redoublons de précaution. Pas un arbre, pas une pierre ; le sable est nu et si mouvant qu'on y enfonce jusqu'à la cheville. Nous avançons néanmoins. L'éléphant cesse de boire pour lancer un jet d'eau qui retombe sur lui en ondée ; puis il s'abreuve et s'arrose alternativement, sans se douter de notre présence. Nous avançons toujours. Quinze pas tout au plus nous séparent, lorsqu'il tourne la tête et nous aperçoit. Il relève ses énormes oreilles, sonne de la trompe et balance entre l'attaque et la fuite. Je cours à lui en criant ; il se tourne vers le bois, je le tire à l'épaule. J'ai ma grosse carabine, celle que les Arabes ont nommée l'*Enfant du canon* et que, par abréviation, j'appelle le Bébé. Sa charge est de 22 grammes de poudre, sa balle de 225 grammes.

« Comme toujours, son effroyable recul m'a presque renversé ; mais je vois la marque sur l'épaule de l'éléphant et dans une ligne excellente, bien qu'elle soit un peu haut. Toutefois, le seul résultat du coup est de faire sauver la bête, qui va gagner la forêt, lorsque les Aggagir lui coupent la retraite, ainsi qu'il est convenu. L'animal furieux court droit à l'ennemi. Alors commence la partie héroïque et insensée de la chasse. Au lieu d'occuper l'éléphant par la fuite d'un cavalier, suivant la méthode usuelle, mes trois Aggagir sautent de cheval en même temps, et à pied sur le sable, où ils enfoncent, attaquent l'énorme bête.

« En fait de sport, je n'ai rien vu d'aussi beau et d'aussi follement périlleux. Malgré la rage qui le possède, l'éléphant n'en reconnaît pas moins que le but des chasseurs est de passer derrière lui, ce qu'il évite avec une incroyable adresse. Il tourne rapidement sur lui-même, charge les trois assaillants l'un après l'autre, toujours en face de celui qui est à craindre, et répand dans l'air des nuées de sable qu'il lance avec sa trompe en jetant des cris de fureur.

« Les Aggagir ne parviennent pas à triompher de cette manœuvre; le sable mouvant, qui n'est rien pour le colosse, leur est tellement contraire, qu'ils n'évitent l'ennemi qu'avec une extrême difficulté. Ce n'est qu'à force de bravoure et de sang-froid qu'ils sauvent alternativement celui d'entre eux que la bête va saisir. Pendant ce temps-là, je traverse péniblement l'arène. Au moment où j'arrive, l'éléphant, qui passe entre les Aggagir, reçoit à la fois une balle que je lui envoie à l'épaule, et un coup d'épée que lui donne Abou-Do. Celui-ci, malheureusement, n'a pu frapper à l'endroit voulu, en raison de la vitesse de la bête.

« L'éléphant se détourne, franchit le sable et gagne la forêt. Nous sommes bientôt sur ses traces; il fait, en courant, quatre ou cinq cents pas, et tombe mort dans le lit d'un torrent desséché.

« Revenus près de la rivière, nous voyons, à 400 mètres, une douzaine d'éléphants qui, dans l'eau jusqu'aux épaules, se dirigent vers l'île où nous nous étions installés. Nous y courons aussitôt et un détour nous amène au bord du fourré de nabaks (*Rhamnus lotus*).

« Il y a un quart d'heure que nous sommes dans cette position, lorsque tout à coup retentissent les cris des trois Arabes à une certaine distance. Quelques minutes après, un effroyable craquement, accompagné des clameurs des Aggagir et du cri aigre de l'éléphant sauvage, nous annonce que la bande fond sur nous en ligne droite. Réunissant mes hommes en un groupe serré, je leur recommande de me passer mes armes à propos, et nous attendons l'ennemi qui arrive sur nous avec la rapidité de la foudre. Tout se déchire devant lui; la jungle tremble et s'écrase, c'est l'affaire d'une seconde.

« La phalange est conduite par un chef énorme qui vient droit à moi; je lui décharge dans le front mes deux coups, aussi vite qu'il m'est possible. Le choc le fait reculer; il se détourne, les autres le suivent. Une nouvelle carabine m'est servie, avec une admirable précision, et je fais coup double sur deux éléphants qui, frappés à la tempe, ne se relèvent pas. Le Bébé m'est alors poussé dans la main juste à temps pour viser le dernier de la bande qui va disparaître dans le fourré. Bang! je tourne comme une girouette, le sang me jaillit des narines, mais je suis sûr d'avoir la bête, qui, avec sa balle d'une demi-livre, entrée derrière l'épaule, ne saurait courir longtemps.

« Arrivent les Aggagir tout lacérés par les épines. Il y a du sang à l'épée d'Abou-Do : les éléphants s'éloignaient lorsque, tournés par les Arabes, ils ont fait volte-face. Dans la poursuite, Abou-Do a réussi à rejoindre l'un d'eux et lui a coupé le jarret.

« Total: sept éléphants morts et trois blessés; deux par Florian, le troisième par moi, qui l'ai touché à l'épaule. Il est trop tard pour les poursuivre, le jour s'en va; mais les Aggagir viendront demain les chercher. »

Le lendemain 1er janvier 1862, en cherchant des pistes

d'éléphants, on tomba sur des rhinocéros, profondément endormis sous d'épaisses broussailles. Il est probable qu'au milieu de leurs rêves, ils sentirent la présence d'ennemis, car ils se levèrent tout à coup avec prestesse et détalèrent avec une rapidité effrayante.

Les deux bêtes fuyaient côte à côte, ainsi qu'un attelage bien appareillé, se dirigeant vers le fourré de nabaks où ils devaient trouver un asile impénétrable. Tous les chasseurs suivaient, à la plus vive allure de leurs chevaux. Les rhinocéros bondissaient à 10 mètres de Taher, l'un des Arabes, qui, l'épée à la main, les cheveux au vent, avait jeté sa monture au milieu du nuage de poussière soulevé par les deux bêtes.

Cette course furieuse dura vingt minutes.

« Le fourré n'est pas à 100 mètres, dit sir S. Baker, et nos chevaux sont rendus! Le mien chancelle et bronche.

« Mais les rhinocéros prennent le trot; ils sont las. Courage, Taher! En avant! en avant! Il est sur les talons des deux bêtes; penché sur le cou de son cheval, l'épée haute, prêt à frapper, il gagne sur la plus voisine. Deux secondes, et les fugitifs lui échappent. Un nouvel effort; l'épée brille et jette son éclair au moment où le dernier rhinocéros disparaît dans les nabaks, ayant sur la croupe une estafilade de 30 centimètres de long. Encore 200 mètres et la victoire nous restait! N'importe. « Bravo, Taher! » lui criai-je. Il avait supérieurement donné le coup.

« Malgré notre défaite, jamais, ni avant ni depuis cette époque, la chasse ne m'a donné pareille jouissance. La course fut merveilleuse; mais plus merveilleuse encore est l'idée qu'un homme peut attaquer et vaincre, sans autre arme qu'une épée, les animaux les plus puissants de la création. Le rhinocéros est la bête la plus difficile à sabrer, en raison de sa prodigieuse vitesse. Chériff, qui en avait tué beaucoup, n'y était jamais arrivé qu'après une longue poursuite. Quand il est fatigué, l'animal se retourne et fait tête à l'ennemi; l'un

des Aggagir se détache et va lui couper le jarret; mais tandis qu'en pareille circonstance l'éléphant est à peu près démonté, la bête cornue galope fort bien sur trois jambes, ce qui augmente le péril de ceux qui la provoquent. »

Sir S. Baker n'a trouvé en Abyssinie qu'une seule espèce de rhinocéros, le noir à deux cornes, celui que, dans l'Afrique australe, on appelle *kéitloa*. Sa hauteur, prise à l'épaule, est généralement de 1^{m},77 ou 1^{m},82. Bien que très massif, il est des plus rapides, ainsi qu'on vient de le voir.

Pas de bête au monde qui ait plus mauvais caractère; c'est l'un des rares animaux qui attaquent sans y être provoqués. Il voit un ennemi dans toutes les créatures; et, bien qu'il ait de mauvais yeux et l'ouïe médiocre, il n'en découvre pas moins un être quelconque à cinq ou six cents pas, lorsque le vent lui est favorable, tant chez lui l'odorat a de finesse. Il n'a pas besoin de le voir pour fondre sur l'objet qui l'irrite; passez-vous dans l'herbe ou dans le fourré qui vous cache à ses yeux, il entre en fureur dès qu'il vous a senti, et charge immédiatement en donnant trois coups de sifflet. Comme il est presque impossible de le tuer quand il vous arrive de face, cette charge imprévue, dans une jungle épineuse, est singulièrement déplaisante, surtout lorsque vous êtes à cheval.

Cette espèce va généralement par couple ou par famille, c'est-à-dire le mâle, la femelle et le jeune. La mère est excessivement farouche, très attachée à son petit, et elle veille sur lui avec une extrême sollicitude.

C'est dans la soirée, deux heures après le coucher du soleil, que s'abreuve ce rhinocéros. Il quitte alors sa bauge, ordinairement située à 6 ou 8 kilomètres de la rivière, et se rend au bord de l'eau par des chemins qu'il se fraye lui-même, en ayant soin de changer fréquemment de route. Quand il a bu, il se retire presque toujours sous un arbre, dans l'un des endroits qu'il s'est choisis et qu'il visite d'une façon régulière.

On trouve là de gros tas de fiente qu'il accumule dans un coin.

Les chasseurs profitent de cette habitude pour mettre des pièges dans la voie qui conduit à la retraite de la bête; mais l'animal est si défiant et possède un flair tellement subtil, que la pose du piège demande le plus grand art. Une fosse circulaire, d'environ 60 centimètres de profondeur et de 35 centimètres de diamètre, est creusée au milieu du chemin qui mène à l'asile en question, à peu de distance de l'arbre visité depuis quelque temps. Sur la fosse est mis un cercle en bois, armé intérieurement d'un grand nombre de pointes aiguës, faites d'un bois élastique et très fort et qui rayonnent vers le centre; qu'on se représente une roue qui n'aurait pas de moyeu et dont les rais bien aiguisés se rejoindraient en se recouvrant. Sur cet appareil, soigneusement adapté à l'entrée de la fosse, est posée la boucle d'un nœud coulant fait à l'extrémité d'un câble extrêmement solide; l'autre bout du câble est fixé au tronc d'un arbre que l'on vient d'abattre et qui porte une rainure profonde où la corde s'engage. On creuse ensuite, à côté de la roue, un fossé où l'on place cette poutre qui pèse de 225 à 250 kilos, et l'on recouvre le tout avec de la terre que l'on a soin d'étendre au moyen d'une branche; sans cette précaution, l'attouchement de l'homme serait senti par le rhinocéros, qui ne manquerait pas de se détourner. Enfin, sur la terre qui dissimule le piège, on répand, toujours avec la branche, une couche de fiente prise au tas dont nous avons parlé.

Si la bête ne s'aperçoit de rien, elle marche sur la roue, à travers laquelle son pied enfonce; en essayant de le retirer, elle serre le nœud coulant qui lui entoure la jambe et que les épieux de la roue, entrés dans les chairs, empêchent de glisser. Une fois pris, l'animal fait un effort pour se dégager, arrache la poutre qui est retenue par le câble, et l'entraîne dans sa fuite; elle s'accroche aux racines, se prend dans les buissons, fait l'office de drague et fatigue promptement le rhinocéros.

Le lendemain, les chasseurs découvrent aisément le large sillon que la pièce de bois a tracé; dès lors ils ont la bête et la tuent à coup d'épée ou de lance.

Après avoir quitté l'îlot où il s'était établi, sir S. Baker séjourna quelque temps à Delladilla, puis il remonta la Settite jusqu'aux montagnes où elle prend sa source.

Après avoir franchi la rivière et le fourré épineux qui la bordait, la caravane se trouva dans une plaine entrecoupée de broussailles. Tout à coup, à 200 mètres, apparut un lion magnifique qu'une épaisse crinière faisait paraître colossal et qui se dirigeait tranquillement vers son fort. « El assat! » (le lion), murmurèrent les Aggagir dont l'épée sortit du fourreau par un mouvement instinctif.

Le lion se mit à bondir, entraînant les chevaux lancés à toute vitesse. En cinq minutes, il avait été mené à travers la plaine; au moment où l'aîné des Chériff et Abou-Do le rejoignaient chacun d'un côté, il sauta au fond d'un ravin et disparut dans les nabaks dont l'abîme était couvert.

« Je fus très désappointé, dit sir S. Baker; le combat eût été glorieux et il y avait longtemps que je désirais voir attaquer le lion à l'arme blanche. Taher et Abou-Do n'étaient pas moins contrariés; ils affirmaient qu'ils auraient tué la bête. Leur projet était de se maintenir de chaque côté du lion à quelques mètres de distance; pendant que l'animal aurait chargé l'un d'eux, l'autre lui aurait tranché les reins d'un coup d'épée.

« Un bon chasseur, disaient-ils, peut se défendre alors même que le lion saute sur la croupe du cheval; il suffit, pour cela, de donner le coup en arrière. Le grand danger est lorsque l'ennemi s'accule dans les broussailles et se retourne pour faire tête. En pareille occasion, les Aggagir, formant un cercle, vont droit à l'ennemi qui s'élance et qui est frappé au moment où il retombe. Chaque fois qu'il y a combat, la mort du lion est certaine; mais il n'est pas rare qu'un cheval ou un homme soit blessé dans la lutte, quelquefois ils le sont l'un et l'autre, quelquefois même plusieurs y perdent la vie. »

La nuit approchait lorsque les chasseurs atteignirent le bivouac, où régnait une certaine agitation.. Les guetteurs avaient aperçu des Basés sur plusieurs points et la bande entière désirait vivement retourner à Delladilla.

« Lorsque, dit sir S. Baker, voulant explorer la Settite, qui traverse le territoire des Basés, j'avais cherché à me renseigner sur cette province, on m'avait fait partout la même réponse: « Pays sauvage et indépendant, habité par une race féroce, dont la main est levée contre tous les hommes; race détestée, qui a pour ennemis tous ceux qui l'avoisinent et qui vit en sûreté dans ses montagnes où elle défie ses adversaires. »

« Le Basé est une portion de l'Abyssinie; mais l'origine de la tribu qui l'occupe est enveloppée de ténèbres. Est-ce un débris de la race éthiopienne, qui possédait la contrée avant la venue des Abyssins, ou une fraction des peuplades à cheveux crépus, qui demeurent sur la rive gauche du Nil Bleu? On l'ignore. Tout ce que nous pouvons dire, c'est que les Basés ont le même type que les habitants du Fasokl. Leur peau, qui est très noire, et leur chevelure frisée et laineuse, les font ressembler aux nègres; mais ils n'ont pas le nez aplati ni la machoire proéminente.

« En dépit de l'écrasante supériorité de leurs voisins, les Basés n'ont jamais été asservis et ne peuvent pas l'être d'une manière définitive. Armés seulement d'une lance, mais comptant sur leur extrême agilité, plus encore sur les obstacles qui protègent leur demeure, ils ne fondent sur l'ennemi qu'à la dérobée. Leurs espions, qui rôdent sans cesse, glissent inaperçus, comme le léopard, et leur attaque, toujours furtive, est invariablement une surprise. Vainqueurs ou vaincus, ils fuient d'une égale vitesse et rentrent dans leurs repaires.

« Comme il n'y a chez eux d'autre butin à saisir que des femmes et des enfants, leur territoire est généralement évité, à moins qu'on ne l'aborde avec l'intention expresse d'y faire une razzia d'esclaves, ou qu'on n'y vienne pour la chasse, ce que font les Aggagir. Dans ce cas-là, s'il y a rencontre, pas de quartier de part ni d'autre; la guerre qu'ils se font est une guerre à mort.

« Mes chasseurs ne redoutaient certes pas les Basés. Eût-il fallu en attaquer des légions, Abou-Do, Taher-Nour et Soliman auraient fondu sur eux l'épée à la main avec une joie réelle; mais le reste de la bande était vivement ému. Les Takrouris eux-mêmes, bien que très braves à certains égards, se montraient peu rassurés.

« Comme j'avais presque fini l'exploration que je voulais faire dans ces parages, il fut décidé que nous lèverions le camp sous peu de jours et que nous reviendrions à notre précédent bivouac. Cela suffit pour calmer les inquiétudes. »

Dans une dernière chasse qu'il fit avant de partir, notre voyageur tua quelques antilopes et rhinocéros.

Il n'est pas, nous apprend-il, d'animal plus facile à dépouiller que le rhinocéros. Le cuir en est tellement raide qu'on le détache de la chair comme on écorce une orange. Au bout de deux heures, non seulement la peau de celui qui venait d'être abattu était enlevée et divisée par morceaux de la dimension voulue, mais elle était attachée sur les bêtes de somme, ainsi que la tête et la quantité de viande nécessaire pour compléter le chargement.

Une peau de rhinocéros fournit la matière de sept boucliers; chacune des portions destinées à cet usage se vend 2 thalaris, ce qui représente un peu plus de 10 francs. La corne du même animal se paye également, en Abyssinie, 10 francs les 500 grammes; on en fait des poignées d'épée qui sont en très grande faveur.

Sir S. Baker revint au campement en suivant la rivière. Une foule de petits oiseaux couvraient les cépées touffues qui, en certains endroits, croissent sur les bords. Le poids du groupe fait incliner la branche jusqu'à la surface de l'eau; c'est le moment de s'abreuver, et tous les becs donnent au courant un baiser rapide. Ces malheureux petits êtres n'ont aucun repos; les crocodiles et les poissons les happent quand ils essayent de boire. Les rapaces[1] les poursuivent sans cesse. Dans ce pays, toute créature faible est misérable.

On ne se figure pas combien le crocodile est rusé; il est facile de le voir à la manière dont il attaque ces oiseaux. Les pauvres petits connaissent fort bien le danger qui les menace et, toujours prêts à partir, cherchent à y échapper en s'envolant. Il faut alors que le crocodile les rassure; il se montre donc à la surface de l'eau et reste là paisiblement, comme s'il y était venu par hasard. Quand il voit que toute la bande a les yeux sur lui, il s'en va d'un air d'indifférence et, toujours à fleur d'eau, gagne un point éloigné. Les oiselets, qui s'étaient prudemment retirés du bord, croyant n'avoir plus rien à craindre, reviennent aux branches qu'ils ont quittées et profitent de ce moment pour tremper leur bec dans la rivière. Mais tandis qu'ils sont à la joie de pouvoir apaiser leur soif, ils ne s'aperçoivent pas que l'ennemi a disparu. Tout à coup l'eau s'entr'ouvre et une gueule énorme, où s'engouffrent quelques douzaines de victimes, signale le retour imprévu du monstre, qui, après avoir plongé furtivement, est venu par une nage rapide se placer au-dessous des brindilles où les oiseaux pendaient en grappes.

C'est toujours ainsi qu'il manœuvre. Découvre-t-il une femme qui puise de l'eau, un animal qui boit, il plonge immédiatement, reparaît après avoir franchi une centaine de mètres, qui l'ont rapproché du but; puis il jette un regard vers l'objet de sa convoitise, plonge de nouveau et atteint l'endroit précis au-dessus duquel la personne ou l'animal est penché. En pareil cas, il happe immédiatement sa victime;

1. Oiseaux de proie.

si elle est à côté de lui, il la frappe à coup de queue, avant de la saisir avec sa gueule.

Quand la proie est volumineuse, le monstre ne l'entame pas sur-le-champ; il l'emporte dans quelque trou profond, sous un rocher ou sous des racines, la garde longtemps entre ses mâchoires, puis la dévore à loisir.

Sir S. Baker était rentré à Delladilla, où rien n'était changé: mais il n'avait plus ses Aggagir, qui étaient partis sous les prétextes les plus frivoles.

Les loisirs que lui laissaient les études qu'il était venu faire en Abyssinie, notre voyageur les consacrait à la chasse ou à la pêche.

Dans la Settite, comme dans les affluents du Nil, on trouve des reptiles et des poissons étroitement alliés entre eux et dont le passage d'une espèce à l'autre est difficile à saisir. Il y a tel poisson, pourvu d'une armure osseuse qui lui couvre la tête et plus de la moitié du corps; au bas des nageoires pectorales sont placées deux longues pointes mobiles sur lesquelles ce poisson à carapace se lève et s'appuie comme sur des jambes, lorsqu'il est sur terre. Le *Lepidosiren annectens* du Nil Blanc est ambigu entre le poisson et la grenouille. Enfin certains poissons, dont la vase est l'habitat et qui passent toute la saison sèche dans la terre durcie par le soleil, ont avec les reptiles une étroite affinité.

Sir S. Baker resta quelque temps à Delladilla, séjour délicieux, d'où il était facile de rayonner dans tous les sens. En amont, le pays devenait extrêmement pittoresque: de hautes montagnes à l'horizon, des gorges profondes revêtues de sombres tamariniers, ou laissant à nu leurs parois dont les racines noueuses du baobab étreignaient les quartiers de granit; puis, à travers cette solitude, la Settite roulant ses eaux limpides, tantôt resserrées entre de hautes falaises, tantôt se déployant sur une largeur de 300 mètres.

Le gibier était là d'une prodigieuse abondance. Non seulement la grosse bête abondait, mais il y en avait de toute espèce : éléphants, hippopotames, rhinocéros, buffles, girafes, antilopes. Quant aux lions, bien qu'on en vît beaucoup, il était toujours très difficile d'en avoir. Pas d'autre moyen que de s'introduire dans leur repaire, en courant les plus grands risques.

Cependant la masse de viande qui remplissait le camp faisait rôder autour de l'enceinte les bêtes de proie, les lions aussi bien que les autres. Une fois même l'un d'eux essaya de franchir la palissade et n'en fut empêché que par la frayeur que lui inspirèrent les tisons flambants qui lui furent présentés.

Le lendemain dès l'aube, sir S. Baker partit pour la jungle où devait se trouver la bête. Il était accompagné de deux de ses hommes, Hassan et Taher-Nour.

« Toute la journée se passa inutilement, écrit-il. J'avais rampé dans les broussailles, renoncé à tirer des buffles, des antilopes qui s'étaient présentées de la façon la plus tentante ; cela n'avait servi à rien. Le soleil allait disparaître et, depuis l'aurore, je n'avais pas tiré un seul coup.

« Je revenais en flânant, la carabine sur l'épaule, traversant de petites clairières d'une largeur de quelques mètres et me frayant un passage dans le fourré, lorsqu'un rugissement poussé en face de nous me fit mettre en garde : un lion magnifique s'était levé à notre approche et se tenait au milieu de l'éclaircie où il prêtait l'oreille, les broussailles nous cachant à sa vue. Je le visai rapidement ; il fit un bond convulsif, retomba sur le dos et reçut ma seconde balle avant d'avoir pu se relever.

« Nous étions alors dans la clairière ; Hassan m'avait passé une autre carabine ; Taher-Nour était près de moi l'épée à la main. Le lion, au dernier degré de fureur, nous jetait ses menaces de mort et s'efforçait de nous atteindre ; mais il traînait sa croupe sur le sol et je vis qu'une balle lui avait brisé les reins. Il roulait sur lui-même, se relevait, grinçait des dents et trouait la terre à chaque coup de ses formidables griffes, pour lesquelles le crâne d'un homme n'aurait été qu'une coquille d'œuf.

« La nuit arrivait; je pensai qu'il était sage de revenir au bivouac, d'autant plus qu'une nouvelle balle devait être inutile.

« Le lendemain matin de bonne heure, suivi de presque tous mes hommes et d'un chameau vigoureux, j'allais chercher la bête. J'étais monté sur Tétel, qui m'avait donné maintes preuves de sa bravoure et que je désirais mettre en face du lion.

« Arrivés à l'endroit où nous supposions que l'affaire avait eu lieu, nous nous trouvâmes assez embarrassés; aucune trace n'était visible. Évidemment ce n'était pas là; mais comment se reconnaître? Toutes les clairières se ressemblaient: de petites places au terrain uni et sableux, dispersées dans un fourré de nabaks dont l'épaisseur et la verdure étaient partout les mêmes. Il fallut battre les broussailles.

« Le voilà! s'écria tout à coup Hadji-Ali, le voilà, il est mort. » Je m'y attendais et me dirigeai avec les autres vers le point que nous désignait Ali. Un rugissement effroyable salua notre approche; le prétendu mort se mettant sur son séant, la crinière hérissée, les yeux remplis d'éclairs, nous jeta son défi en une série de grondements brefs et profonds. Admirable à voir! Il avait bien l'air du vrai roi de la forêt; mais s'il gardait jusqu'à la fin la volonté de combattre, ses forces paralysées trahissaient son désir.

« C'était pour Tétel une glorieuse occasion; au premier rugissement le chameau avait pris la fuite, les hommes s'étaient dispersés. Le cheval avait fait un écart, mais je l'avais ramené et le conduisais maintenant droit au lion, qui l'attendait avec impatience à une vingtaine de pas.

« Je m'arrêtai en face du terrible animal dont mon approche avait redoublé la rage et qui gronda, en fixant sur le cheval ses grands yeux fulgurants. Je caressai Tétel et lui adressai des paroles amicales. Il regarda attentivement le

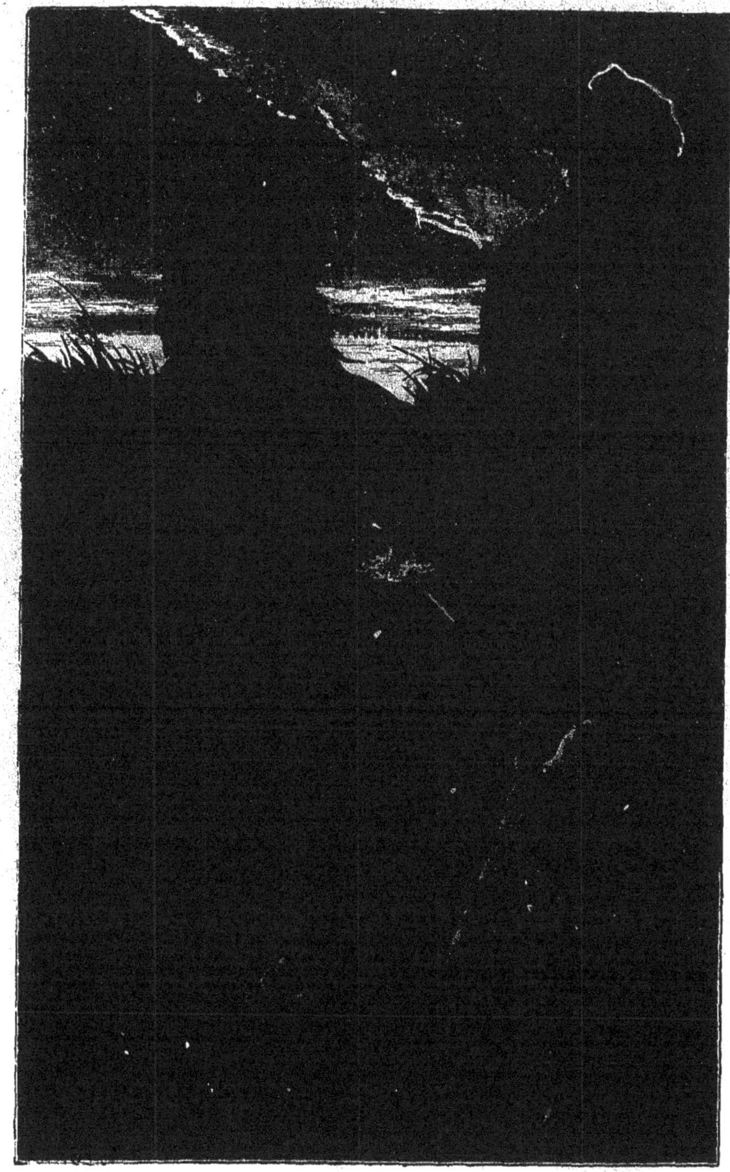

TIRÉ DE PRÈS (page 41).

lion, sa crinière se hérissa et il se mit à ronfler, mais sans manifester le moindre désir de retraite. « Bravo, Tétel ! » lui dis-je ; et, continuant à l'encourager de la voix, à le caresser de la main, je lui fis sentir légèrement l'éperon et la bride. Il avança lentement, pas à pas, mais résolûment, vers le lion furieux qui le saluait d'un grondement continu. A plusieurs reprises il ronfla avec force et regarda fixement l'effroyable gueule ; mais comme je lui parlais et le caressais toujours, il ne refusa pas d'avancer.

« Quand il fut à six pas de l'ennemi, je l'arrêtai. Ce devait être un magnifique tableau que ce cheval d'un si étonnant courage, face à face avec un lion aux abois ; tous deux le regard attaché l'un sur l'autre : celui-ci plein de fureur, celui-là plein de résolution.

« L'épreuve était suffisante ; je laissai tomber les rênes. Tétel comprit le signal et devint ferme comme un roc : il savait que j'allais tirer. Visé à la tête, le lion reçut une balle qui termina son agonie. Jamais Tétel ne bougeait au coup de feu ; il ne tressaillait même pas. L'ayant caressé après avoir mis pied à terre, je le conduisis près du mort que je caressai également, et je lui donnai ma main à sentir. L'odeur le fit renâcler ; je lâchai la bride et le laissai entièrement libre. Il baissa lentement la tête, flaira la crinière du lion, puis se détourna et se mit à manger l'herbe qui était sous les nabaks. »

Les Arabes étaient émerveillés de ce magnifique sang-froid. Les chasseurs savaient que l'ennemi était hors de combat ; mais Tétel l'ignorait, lui, et il n'en avait pas moins affronté la colère d'un lion qui semblait prêt à bondir.

Le chameau ayant été ramené, on lui banda les yeux ; il s'agenouilla, et les efforts réunis de huit hommes furent nécessaires pour placer le lion sur le bât et pour l'y attacher.

Introduit dans le bivouac, le superbe animal fut déposé devant madame Baker, à qui les griffes, que l'on porte en collier comme talisman, étaient destinées.

CHAPITRE IV

Le Royan. — Un éléphant tué à coups d'épée. — Dernière chasse au rhinocéros. — Retour à Khartoum.

En quittant Delladilla, sir S. Baker se dirigea droit au sud. Après une marche d'environ 20 kilomètres, il atteignit le Royan qui était complètement à sec.

« Nous descendîmes la berge à un endroit où les éléphants l'avaient rompue, dit-il, et nous remontâmes le lit sableux de la rivière, qui formait une route excellente. On y voyait non seulement les empreintes d'animaux de toute espèce, mais des puits nombreux d'environ 60 centimètres de profondeur, que les antilopes et les babouins avaient creusés pour avoir de l'eau. Beaucoup de petites antilopes dépourvues de cornes s'abreuvaient à ces puits et ne semblaient faire aucune attention à nous; tandis que les tétels et les nelleuts, qui étaient en grande quantité sur la rive, prenaient la fuite dès qu'ils nous apercevaient.

« Nous arrivâmes ainsi à l'embouchure du khor Maï-Gabba, où nous nous établîmes. Ce khor, qui est un torrent considérable, s'est ouvert un passage dans une falaise de grès blanc d'une hauteur de 25 mètres et que surmonte une forêt composée des plus gros arbres que nous eussions vus depuis que nous étions en Afrique. »

Son installation était à peine achevée que notre voyageur reçut la visite de ses quatre anciens Aggagir, dont la tribu campait sur l'autre rive du Royan. Une grande chasse à l'éléphant fut organisée pour le lendemain. A l'heure convenue, sir S. Baker se rendit au camp des Aggagir, suivi de Hassan et de Hadji-Ali, tous trois à cheval. On se mit aussitôt en campagne.

« Notre chemin, dit sir S. Baker, était parallèle au Royan, dont il remontait le cours. Nous fîmes d'abord sept heures de marche, tantôt parmi des rochers, tantôt sous les grands arbres qui bordaient la rive; puis de temps à autre, pour éviter une courbe, à travers un pays accidenté où se voyaient d'énormes baobabs.

« A la fin, nous nous trouvâmes au pied de la grande chaîne de montagnes et la scène devint magnifique. Le Royan n'était plus là qu'un simple gave d'une largeur de trente ou quarante pas, bloqué en maint endroit par les rochers, ailleurs formant de grands bassins et dont le lit parfaitement sec n'offrait alors qu'un fond de sable étincelant. Des torrents nombreux débouchaient dans ce lit inégal; partout le pays, raviné, usé, déchiqueté par les eaux, témoignait de la violence des pluies. »

Après avoir fait 40 kilomètres, la troupe quitta le Royan et descendit une vallée sableuse qui, à l'époque des grandes eaux, avait dû être inondée, et arriva près d'une citerne où buvait un magnifique éléphant mâle. En apercevant les chasseurs, l'animal escalada la berge, qui était très haute, et disparut. On se mit aussitôt à sa poursuite. Sous la direction de Taher, qui tenait la tête, on gravit une côte et, à une distance de 89 mètres, on découvrit l'éléphant. Celui-ci, voyant approcher les chasseurs, se retourna brusquement et s'arrêta, puis tout à coup chargea.

Les chasseurs ayant tous pris une direction différente, l'éléphant ne sut bientôt plus où donner de la tête, abandonna la poursuite et alla se retrancher sur un sol rocailleux dont les fissures contenaient quelques arbres épars de la grosseur de la jambe; puis il se retourna fièrement, semblant bien décidé à tenir tête.

Les chasseurs prirent place autour de l'éléphant, en face duquel se plaça le célèbre Rodar, l'un des quatre Aggagir. Il montait une jument rouge admirablement dressée, qui comprenait à merveille sa périlleuse mission. Quand il ne fut plus qu'à sept à huit mètres du colosse, celui-ci poussa un cri aigu et se précipita comme une avalanche.

La jument pirouetta et, franchissant pierres et rochers, emporta le petit Rodar, qui, penché en avant, regardait, par-dessus l'épaule, la bête formidable s'élancer vers lui.

On crut un instant qu'il n'échapperait pas : si sa jument avait bronché, il était perdu ; mais en quelques bonds elle prit l'avantage ; et Rodar, regardant toujours en arrière, conserva la distance qui le séparait de l'ennemi, distance si faible qu'il y avait à peine un mètre entre la croupe du cheval et la trompe de l'éléphant.

Pendant ce temps-là, rapides comme des faucons, Taher et Ibrahim suivaient la bête, évitant les arbres et franchissant les obstacles avec une extrême adresse. Arrivés sur un terrain libre, ils précipitèrent leur course et rejoignirent l'éléphant, qui, entraîné par la poursuite, ne s'occupait que des fugitifs. Quand il fut sur les talons mêmes du colosse, Taher sortit l'épée du fourreau et la saisit à deux mains, en sautant de cheval, pendant qu'Ibrahim s'emparait de sa monture. Il fit deux ou trois bonds ; l'épée étincela au soleil, un bruit sourd suivit l'éclair, et l'éléphant s'arrêta : la lame avait coupé le tendon et entamé l'os profondément à trente centimètres au-dessus du pied.

Taher avait fait de côté un saut rapide ; d'un bond, il s'était remis en selle. Rodar fit volte-face et, comme au début, se trouva vis-à-vis de l'éléphant. Sans descendre de cheval, il ramassa une poignée de sable qu'il jeta à l'animal furieux. Celui-ci voulut reprendre sa course, mais impossible : le pied disloqué revint en avant comme une vieille pantoufle. Quittant de nouveau la selle, Taher frappa la seconde jambe ; cette fois c'était le coup de mort; l'artère était ouverte et le sang jaillissait de la blessure à flots saccadés.

Sir S. Baker voulait achever le colosse d'une balle derrière l'oreille. Taher s'y opposa, disant que l'éléphant s'éteindrait avant peu sans douleur et que le coup de fusil pourrait attirer les Basés, qui chassaient dans les environs.

On reprit le chemin du camp, où l'on arriva à minuit; les chevaux, sans compter la poursuite de la bête, avaient fait près de 100 kilomètres dans la journée.

« Quels chasseurs merveilleux que ces Hamrans! s'écrie sir S. Baker. A une extrême audace ils joignent un calme, un sang-froid dans l'attaque, une possession d'eux-mêmes bien supérieure à la brillante furie d'Abou-Do. Je ne saurais dire ce qu'il y a de plus admirable, ou de l'intrépide habileté de celui qui entraîne l'éléphant, ou de l'incroyable adresse du chasseur qui porte le coup. »

Le lendemain matin, ils partirent avec des chameaux et des sacs pour aller chercher la bête, et revinrent le soir extrêmement désappointés: les Basés, guidés sans doute par les vautours, avaient recueilli le butin; chair et défenses, tout avait disparu. Les pas d'une foule nombreuse étaient marqués sur le sol; et les Aggagir furent très heureux d'avoir échappé à une attaque où ils auraient été vaincus par le nombre.

Ayant complètement exploré les bords du Salâm et de l'Angarep, sir S. Baker se dirigea vers Gallabat, ville frontière d'Abyssinie, où se tient un marché périodique.

Après une étape de 28 kilomètres, on dressa les tentes au pied d'un joli ruisseau bordé de palmiers.

Le lendemain, monté sur Tétel, suivi de Taher-Nour, d'Hassan et d'Hadji-Ali, sir S. Baker se dirigea vers une colline pyramidale située à 5 kilomètres du bivouac et d'une centaine de mètres d'élévation. Du haut de cette colline, il vit deux rhinocéros déboucher d'un ravin; ils marchaient lentement et vinrent raser le pied de la pyramide où se tenaient les chasseurs.

L'ÉPÉE EST VICTORIEUSE (page 47).

Sir S. Baker envoya au bivouac chercher ses deux autres chevaux et fit attacher Tétel à un arbre, au pied de la colline; il craignait, en le gardant près de lui, que les rhinocéros ne vinssent à remarquer sa silhouette qui se détachait sur le ciel.

Les monstrueux animaux, qui s'étaient d'abord remisés dans l'herbe, en sortirent bientôt. Ils se suivaient à cent pas l'un de l'autre et se dirigeaient vers la colline, ce qui les conduisait juste à l'endroit où était Tétel. Arrivé sur une éminence, le premier s'arrêta; il avait vu le cheval.

Laissons parler sir S. Baker.

« Une rampe descendait de la colline parallèlement à la route qu'avaient prise les rhinocéros. Je me mis à courir aussi vite que le permettaient les pierres de cette corniche et sans quitter du regard la première bête, qui maintenant allait droit au cheval avec l'intention de l'attaquer.

« Tétel ne se doutait de rien et se tenait tranquille au pied de son arbre. Courant de toutes mes forces, je me trouvai au bas de la colline précisément comme il s'apercevait du danger. Le rhinocéros n'était plus qu'à cinquante pas; jusqu'ici il avait marché, mais alors, baissant la tête, il prit le galop et s'élança vers le cheval.

« J'étais à 200 mètres, n'osant pas tirer, dans la crainte de tuer Tétel. Cependant il le fallait. Je manquai le rhinocéros; mais la balle, en frappant le sol, lui jeta à la face du sable et des éclats de rocher qui l'arrêtèrent au moment où il paraissait atteindre le malheureux cheval.

« Lançant une ruade, Tétel rompit sa bride et s'enfuit dans la direction du camp, tandis que le rhinocéros, aveuglé par le sable, secouait la tête et s'en allait par où il était venu.

« J'avais pris l'avance et m'étais caché derrière un buisson. L'animal passa au trot, la tête haute, cherchant la cause de sa défaite. Je n'étais qu'à cent pas de lui; la balle l'atteignit à l'épaule. Il releva la queue et chargea de mon côté; mais tout à coup il changea de direction, tourna plusieurs fois sur lui-

TETEL EN DANGER.

même, s'arrêta pris de vertige, puis s'éloigna lentement et se coucha quand il eut fait cent mètres.

« Il était mortellement blessé, j'en étais sûr; mais je voulais m'emparer de son camarade qui était venu le rejoindre et qui, regardant avec alarme autour de lui, cherchait d'où venait le péril et ne trouvait pas : le fourré nous cachait trop bien.

« Un instant après, s'étant relevé, le blessé partit, suivi de son compagnon; il marchait péniblement, traversa le pli de terrain qui était au pied de la colline et disparut avec l'autre. »

Gazelle et Aggar avaient été ramenés du bivouac; sautant aussitôt à cheval, les chasseurs se mirent à la poursuite de leur gibier.

Le premier rhinocéros fut trouvé mort à 200 mètres de la place où il avait été frappé. Son compagnon, qui se trouvait un peu plus loin, s'arrêta bravement et laissa sir S. Baker arriver jusqu'à 50 pas de lui. Atteint d'une balle à l'épaule, il tomba en se débattant convulsivement; mais il se releva presque aussitôt et partit au galop, entraînant tous les chasseurs derrière lui. La chasse continua ainsi pendant plus de 2 kilomètres, le rhinocéros faisant volte-face de temps en temps et prenant l'offensive. A la fin, cependant, sa blessure se fit sentir; il s'arrêta. Sir S. Baker conduisit son cheval près du flanc de la bête, qui reçut deux balles dans l'épaule. Cette fois, la mort fut immédiate.

« Le soleil étant d'une ardeur extrême, dit sir S. Baker, je me dirigeai vers le camp, d'où mes hommes devaient être envoyés avec des chameaux pour rapporter nos bêtes. En passant près de celle des deux qui était morte la première, je la vis entourée d'une légion de vautours dont le nombre s'augmentait à chaque minute; elle avait déjà les yeux arrachés, et l'un de ces voraces fouillait dans la blessure qu'elle portait à l'épaule. Une quantité de marabous se tenaient orgueilleusement au milieu de la foule, attendant, pour faire leur métier de croque-morts, que le cadavre fût suffisamment décomposé. Tous les autres, d'ailleurs, en étaient réduits comme eux à prendre patience, le cuir épais du rhinocéros étant à l'épreuve de leurs becs avides.

« C'est un spectacle étonnant que celui de l'arrivée de ces mangeurs de charogne qu'on n'aperçoit nulle part, qui abondent sitôt qu'une bête est frappée de mort et qui se présentent invariablement dans le même ordre. Je crois qu'il y a, pour chaque espèce, un degré particulier d'altitude et que l'atmosphère contient des strates de rapaces invisibles, toujours à l'affût de ce qui se passe ici-bas. La corneille blanche et noire, individu rusé, très habile à chercher pâture et qui n'est jamais bien loin du sol, découvre l'aubaine et la révèle aux élevés. Des hauteurs où il plane, qu'un vautour aperçoive les autres se diriger vers un point de l'horizon, il les suit immédiatement, certain qu'une proie est en vue; et sa course, dès lors, devient un signal qui, répété de proche en proche, se communique à ses pareils.

« Je me suis étendu fréquemment sur le dos à côté de la bête qu'on allait écorcher. Le ciel était pur, pas une tache sur la voûte lumineuse; à peine mes hommes avaient-ils entamé la peau et mis à nu la chair rouge, que deux ou trois craou, craou s'entendaient dans les buissons voisins: la corneille était là. Aussitôt les busards, les parasites s'abattaient près de la bête et ramassaient un caillot de sang. Alors des points mobiles apparaissaient dans l'espace, grossissaient rapidement et devenaient des créatures ailées, pareilles à des mouches, tant la distance était grande.

« Tout à coup, un bruit d'ouragan retentissait derrière moi; c'était un vautour à face rouge qui, les ailes closes, se laissait tomber des nues, bientôt suivi de beaucoup d'autres. Partout des taches noires se pressaient de tous les coins du ciel et fondaient vers le repas sanglant. Puis, à une grande hauteur, on voyait se dessiner une vaste couronne d'ailes puissantes qui paraissaient hésiter à descendre et continuaient à planer autour du centre d'attraction. Pendant ce temps, l'animal était dépecé; mes gens mettaient en lieu sûr la viande qu'ils avaient choisie, et nous nous retirions à une centaine de pas. Aussitôt les grands vautours au col nu s'abattaient et, se faisant respecter de la foule qui se ruait sur les débris, ils s'emparaient des premières places. Mais une autre forme se dessinait dans le ciel bleu; sous d'énormes ailes pendaient de grandes échâsses qui touchaient bientôt la terre, et Abou-Sinn, *le père des mâchoires,* ainsi que les Arabes appellent le marabou, écartait à coups de bec la multitude qui se disputait. Bien qu'arrivé le dernier, il prenait la part du lion. »

Ce fut la dernière chasse de sir S. Baker en Abyssinie.

Poursuivant sa marche, il arriva à Métemmeh, village peuplé de Takrouris; puis, le 15 avril, ayant traversé une forêt basse et franchi maints ruisseaux, il retrouva l'Atbara au coin d'une montagne, d'où il s'échappe en formant un angle aigu.

« A notre première rencontre, dit sir S. Baker, ce n'était qu'un lit de sable étincelant, une continuation du désert qui étreignait ses rives, bordées à ce moment-là d'arbres flétris, souvenirs d'une rivière morte. Puis, dans l'ombre d'une nuit calme, le torrent mystérieux avait brusquement envahi ce lit desséché. Après avoir assisté à sa croissance, nous l'avions vu dans toute sa gloire. Enfin, ayant suivi chacune des rivières, traversé chacun des ruisselets qui l'alimentent, nous le retrouvions près de son berceau.

« Tout en le suivant du regard, je pensais au Nil, à ce fleuve merveilleux qui traverse les déserts brûlants sans jamais s'épuiser. Malgré l'apport de la Settite et du Salâm qui ne tarissent jamais, l'Atbara est à sec pendant toute la saison ardente; chaque goutte des eaux que lui versent ses puissants tributaires se vaporise ou est dévorée par le sable à 320 kilomètres de son embouchure; mais le grand fleuve ne cesse jamais de couler.

« Le jour suivant, nous étions à Gallabat ou Métemneh, qui est la capitale d'une province fertile, colonisée par des Takrouris. Excessivement noirs et d'une belle et forte race, ces nègres, originaires du Darfour, sont éminemment laborieux : hommes et femmes travaillent sans cesse. J'ai vu souvent les miens, pendant la marche, recueillir le coton des champs abandonnés, improviser un fuseau en plantant un brin de jonc dans un crottin de chameau, et se mettre à filer en suivant la caravane. Au bivouac, pas un instant de loisir; dès qu'ils étaient libres, chacun prenait son ouvrage et faisait une sandale, un courbatch, un bracelet de cuir, etc. En arrivant à Gallabat, ils avaient une cargaison de tous les menus objets qu'ils avaient confectionnés. Le lendemain matin, je les trouvai sur la place, chacun devant son étal, et vendant ce qu'ils avaient recueilli ou fabriqué pendant le voyage.

« Ils étaient maintenant chez eux; c'était là que nous devions nous séparer. A ce qui leur était dû j'ajoutai quelques jarres d'hydromel, qui fait leurs délices, et nous nous quittâmes les meilleurs amis du monde.

« Le 16 mai nous suivions la rive droite du Dinder ou Dender, à 30 kilomètres de Rahad; et, après avoir gagné le Nil Bleu, au village d'Abou-Haraz, nous arrivions à Khartoum dans la matinée du 11 juin.

« De nos anciens compagnons il ne nous restait que Bachit, Ouat-el-Baggar, Richarn et mon brave Tétel. Florian était mort, tué par un lion. Baraké, la pauvre femme qui broyait le doura et faisait le pain, était enterrée à Delladilla ; et Aggar, mon habile chasseur, pris d'un mal subit à quelques kilomètres de Gallabat, avait succombé peu d'heures après, au milieu des plus vives souffrances. Gazelle, attaquée du même mal presque en même temps, lui avait à peine survécu. »

La première partie de la tâche que s'était imposée sir S. Baker était accomplie. Il lui restait maintenant à pénétrer dans le sud et à se lancer à la recherche des sources du Nil, recherche qui devait l'amener à la découverte de l'Albert-Nyanza, l'un des grands réservoirs du fleuve égyptien.

CHAPITRE V

Khartoum. — Le Bahr-el-Girafe et le Bahr-el-Gazal. — Les Chillouks, les Nouërs, les Kytchs et les Cheurs.

M. et madame Baker arrivèrent à Khartoum le 11 juin 1862.

Khartoum, capitale du Soudan, se trouve sur une pointe de terre formée par la jonction du Nil Blanc et du Nil Bleu. C'est dans cette localité misérable, sale et malsaine, que réside un gouverneur général envoyé par l'Égypte et à l'autorité despotique duquel obéissent toutes les provinces du Soudan. En 1861, la garnison de Khartoum s'élevait à dix mille hommes environ et se composait d'Égyptiens, de nègres venus du Kordofan et des pays qu'arrosent le Nil Bleu et le Nil Blanc. Elle comprenait aussi un régiment d'Arnautes et une batterie d'artillerie. Ces troupes sont le fléau du pays ; car la plupart des employés, Turcs ou Égyptiens, ne reçoivent leur paye que fort irrégulièrement, ce qui annule à peu près la discipline. Le soldat égyptien ne vit que par la maraude, et les malheureux habitants du pays sont obligés de se soumettre aux insultes et aux mauvais traitements de ces brutes qui les pillent suivant leur caprice.

En 1862, le gouverneur général du Soudan était Moussa-Pacha. Cet homme pouvait passer comme représentant, d'une manière outrée, les qualités qui distinguent les autorités turques. Il réunissait à la brutalité d'un animal féroce les vices les plus grossiers des Orientaux

Sous son administration, le Soudan achevait de se ruiner. Jamais le Turc ne s'améliore. Le proverbe arabe dit que « l'herbe ne pousse jamais sous les pas des Turcs », simple adage qui rend, avec la plus grande exactitude, le caractère de la nation. Le régime turc a pour accompagnement obligé la mauvaise administration, le monopole, le pillage et l'oppression. Point d'employé qui ne vole. De son côté, le gouverneur général prend à pleines mains; les obstacles qu'il oppose au progrès servent à remplir ses poches : aussi entrave-t-il le commerce de mille façons, afin d'obtenir des primes de côté et d'autre.

Le gouverneur, ordinairement, ruine le pays par ses taxes oppressives et ses malversations. Le Soudan n'exporte que de la gomme, du séné, des cuirs et environ pour 100 000 francs d'ivoire par an. Si cette possession est intéressante pour l'Égypte, ce n'est que parce qu'elle fournit des esclaves aux pays mahométans.

A Khartoum, l'argent valant de 36 à 80 pour 100, il y a peu de place pour un commerce légitime : aussi n'en fait-on guère d'autre que celui des esclaves, et, en général, c'est dans cette catégorie d'affaires qu'il faut ranger ce qu'on appelle le commerce du Nil Blanc. Voici comment cela s'organise. Un aventurier sans ressources trouve, pour ce négoce, à emprunter à cent pour cent. Il lève une bande de coupe-jarrets et part vers le mois de décembre. Au delà de Gondokoro, il s'allie à un chef nègre quelconque, cerne un village qui lui est hostile, y met le feu, tue les hommes et emmène les femmes et les enfants, avec le bétail, l'ivoire et le reste du butin. Pour sa peine, le chef nègre obtient d'abord trente ou quarante têtes de bétail ; un tiers des vaches et des bœufs revient aux gens de l'expédition et le reste au négociant, qui rentre graduellement en possession du tout en troquant contre des esclaves ce qu'ont obtenu ses gens, puis en profitant d'une dispute pour tuer le chef son allié, dont le peuple est à son tour pillé et réduit en esclavage. Le bétail est troqué ensuite contre des esclaves et de l'ivoire. Alors le négociant, laissant, jusqu'à son retour, une partie de sa bande continuer les mêmes procédés, prend le chemin de Khartoum. A quelques lieues en avant, il se défait de ses esclaves, qu'on expédie vers tous les pays de l'islamisme. Rentré en ville avec son ivoire et son argent, le négociant liquide son emprunt et devient capitaliste à son tour. Tel est le commerce du Nil Blanc.

Il s'ensuit que tout Européen qui veut remonter ce fleuve est regardé comme un espion cherchant à violer le secret du territoire à esclaves, et que tout le monde, autorités, négociants, agents, se trouve intéressé à entraver son expédition.

Grâce à son argent comptant, sir S. Baker réussit en quelques semaines à fréter deux bateaux à voiles et une barque pontée, et à engager onze domestiques, quarante mariniers et quarante-cinq hommes armés qui s'obligèrent à ne pas piller et à l'accompagner partout. Chacun reçut cinq mois de gages, fut largement festoyé et revêtu d'un uniforme brun. Sir S. Baker avait, en outre, quatre chevaux, quatre chameaux et vingt et un ânes, pour lesquels, avec l'aide d'un Bavarois nommé Johann Schmidt, bon chasseur, homme aussi honnête qu'habile, il avait fait faire des selles et des bâts, confectionnés avec le plus grand soin.

Il partit de Khartoum le 18 décembre 1862, passant en quelques minutes du Nil Bleu dans le Nil Blanc, dont il devait longtemps remonter le cours.

Dès les premiers jours de cette lente navigation, on rencontra des forêts marécageuses de sount (*Acacia arabica*), repaire de la fièvre et des moustiques. Un peu plus loin, le courant était séparé des rives par des masses de plantes flottantes et par des massifs de l'arbre nommé ambatch (*Anemone mirabilis*). Le bois de cet arbre, plus léger que le liège, sert à faire des radeaux. A cette époque de l'année, l'ambatch est couvert de fleurs dont la couleur, d'un jaune brillant, répand un peu d'animation sur les tristes marécages.

Ici le fleuve a une largeur variant de 1300 à 1600 mètres. Sur la rive orientale est le pays des Dinkas, et sur la rive opposée celui des Chillouks.

Le 30 décembre, Johann Schmidt mourut en parlant de la fiancée qu'il avait laissée dans le village de Bavière où il était né. On l'enterra sous une croix gigantesque que sir S. Baker tailla lui-même dans le tronc d'un tamarinier. « Pauvre ami! s'écria notre voyageur. C'était un triste début pour notre voyage. »

Le 1er janvier 1863, la flottille quittait le Kordofan et abordait la région où l'homme cesse de s'habiller. On arriva au village de Mohammed Her, dans le pays des Chillouks. Ce Mohammed Her, natif de Dongola, ayant couru les aventures sur le Nil Blanc, s'était établi dans cette tribu avec une troupe de bandits et était devenu le premier marchand du Nil. Il avait alors l'impudence d'espérer s'acquérir l'impunité et une souveraineté de fait, en offrant de payer un tribut à l'Égypte.

Les Chillouks paraissent fort nombreux; ils ont des embarcations, moitié canots et radeaux, d'immenses troupeaux et tous les caractères de cette vie sauvage que les nègres mènent depuis le Kordofan jusqu'à l'Obbo.

Les tribus qui peuplent cette contrée ont pour armes des lances, des arcs, des flèches empoisonnées, des bracelets armés de piquants pour déchirer leurs adversaires en les étreignant, des boucliers, des massues à tête de fer et des haches; pour instruments, des couteaux, des houes ou molottes en forme d'as de pique, des tambours ou nogaras et des harpes à huit cordes ou rababas; pour ustensiles, des pipes, des tasses et des jarres en poterie plus ou moins habilement fabriquée.

Jusqu'au confluent du Sobat, les villages sont nombreux chez les Chillouks, tandis que le Dinka est plat et marécageux.

Le Nil a des eaux mortes et limoneuses; celles du Sobat sont plus limpides et font 8 kilomètres à l'heure. Le Sobat avait 8 mètres de profondeur lors de notre passage; mais c'est un torrent qui se subdivise, à peu de distance du confluent, en plusieurs autres, et qui se sèche dès qu'il ne pleut point.

Par delà, le Nil ressemble à un grand marais où le chenal, au milieu des roseaux s'étendant à perte de vue, n'a que 150 mètres de large. Dans cette partie de son cours il reçoit, sur la droite, le Bahr-el-Girafe, et sur la gauche le Bahr-el-Gazal. Le premier n'est qu'une branche du Nil; le second est un long système de marécages sans courant. Là, le passage ne peut être ouvert qu'au milieu des roseaux, des ambatchs et des papyrus magnifiques dont le sommet a environ $1^{m},20$ de diamètre; la navigation ne se fait qu'en halant péniblement les navires au moyen de cordages attachés aux roseaux. C'est le domaine perpétuel de la fièvre.

Les bras du Nil ressemblent, en cet endroit, à un écheveau de fil étendu sur une mare. A la vue de ces sinuosités extraordinaires, on comprend aisément que les anciens aient renoncé à pousser plus loin leurs recherches.

En amont du Bahr-el-Gazal, le Nil, réduit à une largeur de 100 mètres et un courant de 2800 mètres à l'heure, traverse, sur un long espace, le territoire des Nouèrs.

« Le 13 janvier, dit sir S. Baker, nous nous arrêtâmes près d'un village situé sur la rive droite, et les naturels ne tardèrent pas à se rendre près de nos bateaux. Les hommes sont nus comme la main. Leur corps est frotté de cendre et ils se teignent les cheveux en rouge avec un mélange de cendre et d'urine de vache. Ce sont bien les diables les plus affreux que j'aie jamais vus; il n'y a pas d'autre manière de les désigner. Les femmes non mariées sont également nues; les autres ont autour des reins une espèce de frange faite d'herbe. Les hommes portent au cou des colliers de perles fort lourds; ils ont à la partie supérieure du bras deux épais bracelets d'ivoire, des anneaux de cuivre aux poignets, sans compter un horrible bracelet de fer massif, armé de pointes d'environ 0m,025 de longueur, comme les griffes du léopard, et dont ils font le même usage que cet animal.

« Djoctian, chef d'un village nouêr, vint me rendre visite avec sa femme et sa fille. Ils me demandèrent tout ce qu'ils virent en fait de colliers ou de bracelets, mais refusèrent un couteau comme leur étant inutile. Ils s'éloignèrent enchantés des cadeaux que je leur fis. Les femmes se pratiquent une incision dans la lèvre supérieure et y portent, en guise d'ornement, un fil de fer couvert de perles et qui dépasse 8m,10. Ce fil de fer s'avance comme la corne d'un rhinocéros. Les femmes sont hideuses, mais les hommes, grands et forts.

« Pendant que le chef des Nouèrs était dans ma cabine, assis sur un divan, je dessinai son portrait, ce qui lui fit le plus grand plaisir. A mes questions touchant l'utilité de son bracelet à pointes de fer, il répondit en me montrant le dos et les bras de son épouse tout couturés de cicatrices. Quels aimables gens que ces pauvres noirs! comme disent les négrophiles anglais. Mon chef était tout fier d'avoir déchiré la peau de sa femme comme une bête féroce. En vérité, mon singe a l'air d'un être civilisé comparé à ces sauvages cruels. Le front du chef était tatoué de lignes horizontales qui ressemblaient à des rides. Les cheveux se portent ramenés en arrière. Hommes et femmes ont au cou un sac, apparemment pour mettre les cadeaux qu'on leur fait, car ils ne laissent rien traîner.

« Le surlendemain, nous avancions en nous halant à travers une forêt de roseaux qui nous masquait l'horizon, lorsque le bruit de la corde qui frôlait leurs cimes, troubla le sommeil d'un hippopotame flottant à fleur d'eau tout près du bateau. Il ne semblait avoir qu'à peu près la moitié de la taille d'un animal ordinaire, et, en moins d'un instant, une vingtaine de mes hommes, le prenant pour un jeune de son espèce, se précipitèrent dans l'eau, espérant le saisir. Il reparut soudain, et comme il était trois fois plus grand que les hommes ne s'y attendaient, ceux-ci ne furent plus aussi empressés de s'attaquer à lui.

« Cependant Diabb (le pilote) donna bravement l'exemple et saisit la bête par une jambe de derrière ; tous les autres se précipitèrent aussitôt et il y eut une grande lutte. On jeta des cordes de dessus le vaisseau, des nœuds coulants furent passés autour de la tête de l'hippopotame ; mais comme il était le plus fort et réussissait à entraîner avec lui ses assaillants au milieu de la rivière, je me vis obligé de terminer l'affaire en lui envoyant une balle dans la tête. Il était couvert de marques faites par les dents d'un de ses congénères qui l'avait sans doute malmené. Les uns disaient que c'était son père, d'autres affirmaient que ce devait être sa mère, et la dispute s'échauffait.

« Ces Arabes ont un penchant extraordinaire à argumenter sur des vétilles. J'ai vu souvent mes hommes discuter pendant la plus grande partie de la nuit et reprendre le même sujet le lendemain. Ces discussions se terminent ordinairement par des voies de fait, et dans le cas actuel, l'ardeur de la chasse ajoutait une nouvelle force à la chaleur du débat. On convint enfin de s'en rapporter à moi et les deux partis s'approchèrent, défendant à grands cris leurs théories respectives : les uns soutenaient que le jeune *hippo* avait été tyrannisé par son père, les autres affirmaient que c'était par sa mère. En qualité d'arbitre, je me hasardai à dire que l'offenseur était peut-être l'oncle du défunt. « Par Allah, c'est vrai ! » s'écrièrent-ils, et la discussion fut terminée. »

Le 19 janvier, il sembla que l'on sortait enfin de la forêt aquatique d'herbes marécageuses et de roseaux. On arrivait à Zariba, où un Autrichien nommé Binder avait établi une station commerciale au milieu de la tribu des Kytchs.

Ces indigènes, dont le pays était, en ce moment, un marais impossible à traverser avant la baisse des eaux, possèdent des troupeaux nombreux ; mais ils ne veulent ni vendre leur bétail, ni le tuer pour s'en nourrir. Ils ne mangent de bêtes à cornes que celles qui meurent de maladie, se bornant à vivre de rats, de lézards, de serpents et de poissons, qu'ils réussissent à capturer en lançant leurs harpons à travers les roseaux. Quelquefois ils frappent un monstre pesant 90 kilos, qu'ils sont forcés de suivre à la nage jusqu'à ce que les forces de leur proie soient épuisées, quittes à s'exposer ainsi à devenir eux-mêmes la pâture des crocodiles. Le plus souvent ils ne pêchent rien.

Le chef de ces Kytchs portait une peau de léopard sur ses épaules et une espèce de calotte de perles blanches avec un bouquet de plumes d'autruche, mais son manteau, attaché d'une manière lâche, laissait tout le reste du corps à nu. Sa fille, d'environ seize ans, était fort jolie. Elle avait pour vêtement un morceau de cuir qui pouvait compter 30 centimètres carrés et qu'elle avait jeté sur ses épaules.

Toutes les jeunes filles de ce pays ne portent autour de la ceinture qu'un cercle composé de petits ornements bruyants. Elles arrivèrent en grand nombre, chargées de fagots de bois qu'elles troquaient contre des poignées de blé.

La plupart des hommes sont de belle taille, mais horriblement maigres ; les enfants sont de véritables squelettes, et la tribu entière semble affamée. Leur dialecte est celui des Dinkas.

Le chef possédait une boîte à tabac fort singulière ; c'était un morceau de fer pointu ayant $0^{m},60$ de long avec une emboîture creuse et attaché par une peau d'iguane[1]. Cet instrument sert de boîte à tabac, de massue et de poignard.

Dans cette saison, où le pays est devenu un marais, les Kytchs se rassemblent comme des paquets de vermine sur le sommet des fourmilières qui dominent les eaux et les

1. Lézard de grandes dimensions qui porte le long du dos et de la queue une rangée d'écailles en dents de scie.

boues. Ces fourmilières sont construites durant la saison sèche par les fourmis blanches[1] qui, montrant ici plus de prudence et d'énergie que les hommes, élèvent, à environ 3 mètres de hauteur ces espèces de tours de Babel pour se préserver de l'inondation. Quand les eaux montent, elles s'y réfugient dans les étages supérieurs, et leurs bâtiments sont si solides que les Kytchs, qui y pullulent, y allument des feux, se mettant dans la fumée pour se préserver des moustiques, et se frottant le corps de cendre pour se garantir du froid.

Leur misère est telle qu'elle leur fait dévorer avec avidité les animaux qu'ils trouvent morts, même la peau, même les os qu'ils broient entre deux pierres pour les réduire en une sorte de pâte dont ils se repaissent. Un animal qu'ils ont ramassé ou qu'ils ont tué est absorbé de façon qu'il n'en reste pas assez pour nourrir une mouche.

Lorsqu'ils veulent exprimer leur reconnaissance, ils vous prennent la main et *font semblant* de cracher dessus, opération qu'ils n'accomplissent jamais réellement.

A la tête de chaque troupeau ils mettent un taureau sacré dont les cornes sont ornées de plumes et souvent de clochettes; ce taureau est le chef des bestiaux qu'il mène paître, et le matin, quand il sort de leur kraal, les Kytchs lui adressent une sorte de prière : « Veille bien sur tous tes camarades, lui disent-ils; empêche les vaches de s'égarer et conduis-les aux endroits les plus fertiles, afin qu'elles nous donnent une grande quantité de bon lait[2]. »

1. *Termes bellicosus* (termite belliqueux).

2. Voilà qui rappelle un passage de la scène première du premier acte de *Guillaume Tell* par Schiller : « RUONI. Que ce collier va bien au cou de cette vache! — WERNI. Elle sait bien que c'est elle qui conduit le troupeau, et si je le lui enlevais, elle cesserait de manger. — RUONI. Quelle folie! une bête sans raison. — WERNI. C'est bientôt dit. Les bêtes ont aussi leur raison. » — Du reste, aujourd'hui, les vaches suisses montent encore dans les Alpes, au commencement de juin, sous la direction du taureau patriarcal ou de la vache conductrice. L'un et l'autre sont ornés d'un collier de cuir rouge auquel est suspendue une cloche qui n'a pas moins de 30 centimètres de diamètre.

En remontant le Nil, sir S. Baker visita la station des missionnaires autrichiens de la Sainte-Croix, établie dans le pays des Nouërs et composée d'une vingtaine de huttes de gazon. Malheureusement, le dévouement des missionnaires n'avait eu aucune influence sur les sauvages. Convaincu de l'inutilité de ses efforts, le supérieur, herr Morlang, vendit son village pour 750 francs à Kourchid-Aga, négociant circassien qui, depuis le pays des Nouërs, voyageait avec sir S. Baker.

Ce dernier acheta là, pour 251 francs, un cheval de belle apparence, accoutumé au feu, qu'il nomma le *Prêtre*, à cause de son origine, et qui avait appartenu à un baron prussien.

Ce gentilhomme, du nom de Harnier, accompagné de deux domestiques européens, avait passé quelque temps, pour son plaisir, dans ce voisinage, à chasser et à recueillir des échantillons d'histoire naturelle. Ses deux serviteurs succombèrent aux fièvres de marais et il eut lui-même une fin des plus tragiques. Un jour, en compagnie d'un naturel du pays, il venait de blesser un buffle, quand l'animal se précipita sur le nègre et le jeta à terre. Le fusil du baron Harnier n'était pas chargé; cependant, ce brave Prussien attaqua le buffle à coup de crosse, pour essayer de retirer le nègre d'entre ses cornes; la brute, abandonnant sa victime, se rua sur le cheval qui portait le baron. Loin d'aller au secours de son maître, qui avait hasardé sa vie pour le sauver lui-même, le nègre prit la fuite. Quand les missionnaires retrouvèrent le corps du baron, il était réduit à une masse informe, tandis que le buffle, qui avait été mortellement blessé, était étendu tout auprès. « J'allai, dit sir S. Baker, voir le tombeau du courageux Européen qui avait sacrifié sa précieuse vie pour un être aussi méprisable qu'un nègre couard. »

Le 26 janvier, sir S. Baker passa devant la contrée des Bohrs, située sur la rive orientale, le 28 devant les bivouacs des Aliabs ou Eliab, qui occupent la rive occidentale, et le 30 il traversait le district des Cheurs, dont les habitudes et les usages ressemblent à ceux de beaucoup d'autres tribus qu'il rencontra ensuite.

Les hommes ont pour armes des casse-tête en ébène fort bien faits, deux lances, un arc toujours tendu et un faisceau de flèches; sur le dos ils portent un petit tabouret; à la main, une pipe immense. Le sommet de leur tête est orné d'aigrettes en plumes de coq. Quand ils sont debout, leur attitude favorite est de se tenir sur un pied, l'autre jambe étant pliée en dedans de la première. Ils trouvent leur équilibre en s'appuyant sur une lance dont un bout porte à terre. Leurs flèches, d'à peu près 0m,90 de longueur, sont dépourvues de plumes et ont une pointe de bois dur, à cause de la rareté du fer.

Quant aux femmes, comme dans les tribus des Kytchs et des Baris, elles portent par devant un petit tablier de cuir ouvragé, de la largeur d'une main, et attaché à une ceinture d'où pend par derrière une queue qui descend jusqu'aux jarrets et qui est faite de très minces lanières de cuir. L'article de luxe qu'elles apprécient ensuite le plus se compose des anneaux de fer poli qu'elles portent aux jambes en nombre suffisant pour monter jusqu'à la moitié du mollet et pour produire, lorsqu'elles marchent, un bruit qu'elles regardent comme du meilleur effet. Elles font aussi, avec des morceaux de coquilles d'eau douce enfilées à des crins de girafe, des colliers et des ceintures dont la confection exige beaucoup de temps et qui ressemblent presque à des colliers de boutons de nacre de perle.

Elles portent leur enfant dans un sac de cuir attaché à leurs épaules et qui descend le long du dos, où il est fixé par une courroie. Elles conservent ainsi la liberté de leurs mouvements, et le négrillon se trouve fort à son aise dans son sac.

Les cabanes de ces indigènes sont, comme dans la plupart des tribus, de forme circulaire, avec des portes si étroites

ARMES ET INSTRUMENTS DES TRIBUS DU HAUT NIL.

qu'on ne peut y entrer ou en sortir qu'à quatre pattes.

La récolte principale, sur les bords du Nil Blanc, est celle des graines de lotus. Il y a deux variétés de ces nénuphars : l'une grande et à fleurs blanches, l'autre plus petite. La capsule à graine de lotus blanc ressemble à un artichaut dont la fleur n'est pas encore développée. Elle contient une quantité de graines grosses comme celles de la moutarde, mais ayant la forme de celles du pavot et la couleur d'un rouge clair; leur saveur est sucrée et rappelle celle de la noisette. Dès que les capsules sont mûres, on les récolte et on les enfile sur des roseaux pointus et longs de quatre pieds, dont on forme ensuite des amas qu'on transporte dans les villages pour y faire sécher les capsules au soleil. Ensuite on les emmagasine pour les transformer, au fur et à mesure, en une farine dont on fait de la pâte et des galettes.

Le 1er février, l'expédition sortit décidément des marais niliaques. La rive est sèche et s'élève à la hauteur de 1m,20 au-dessus du fleuve. Les arbres abondent, le pays a l'air d'un vaste verger et paraît fort peuplé.

Le 2, sir S. Baker arriva à Gondokoro.

CHAPITRE VI

Condokoro. — La tribu des Baris. — Speke et Grant.

Sur un sol ferme, plus haut d'environ 6 mètres que les eaux du Nil, on aperçoit des ruines de murs construits en brique, restes d'une église et d'un établissement de missionnaires. A côté, on voit des bosquets de citronniers et de limoniers et les vestiges de ce qui fut un jardin. Telles sont les traces d'une tentative aussi généreuse qu'inutile pour introduire la civilisation de l'Europe chrétienne dans ce lointain pays. Quant à une ville, on la chercherait en vain. Gondokoro n'est qu'une station de négociants en ivoire ; elle se compose d'une demi-douzaine de cabanes misérablement construites en gazon. On ne l'habite que deux mois. Quand sont reparties les embarcations pour descendre à Khartoum, et les expéditions armées pour aller, sous prétexte de commerce, porter dans l'intérieur du pays le ravage et la désolation, Gondokoro n'est plus qu'un lieu désert. Le climat y est chaud et malsain.

Ce territoire appartient à la tribu des Baris.

Les habitations de ces naturels sont des modèles de propreté. Le domicile de chaque famille est entouré d'une haie impénétrable d'euphorbes ; l'intérieur de l'enclos forme une cour dont le sol est macadamisé avec de la cendre, de la fiente de vache et du sable. Sur la surface, soigneusement balayée, s'élèvent une ou plusieurs cabanes qu'environnent des greniers fort habilement tressés en osier, couverts de chaume et soutenus par des plates-formes. La toiture des cabanes est en saillie, de façon à donner de l'ombre, et l'abri a, en général, $0^{m},60$ de hauteur.

Dans un coin de la cour on enterre les maîtres de la famille qui viennent à mourir. Sur la sépulture on pose, à un bout, un poteau supportant des crânes de bœufs garnis de leurs cornes, à l'autre une touffe de plumes de coq.

Les femmes ont généralement la tête rasée. Comme celles des Cheurs, elles portent pour tout costume un tablier d'environ $0^{m},15$, élégamment brodé en perles ou fait en petits anneaux de fer, semblable à une cotte de mailles; par derrière pend la queue accoutumée, faite en lanières de cuir fort déliées ou en ficelles fabriquées avec le coton du pays. Ce tablier et la queue qui l'accompagne sont attachés à une ceinture qui entoure le bas du torse, en sorte que la toilette de ces dames est achevée tout d'un coup. A la rigueur cette queue ne manquerait pas d'utilité si elle pouvait leur servir à chasser les mouches, vrai fléau du pays. Au reste, l'ensemble de la parure de ces dames est, en apparence, plus compliqué. Elle n'est, en effet, complète que lorsque la poitrine, le dos, les côtes et le ventre sont couverts d'un tatouage serré, qui ressemble à des écailles de poisson et auquel un enduit d'ocre rouge donne l'air de briques nouvellement cuites.

Les hommes se parent des mêmes tatouages et de la même ocre. Ils sont bien faits. Pas plus que les femmes ils n'ont le nez épaté ni les grosses lèvres que nous considérons comme les traits caractéristiques des nègres. Leur figure est régulière, mais leur chevelure reste laineuse. Ils n'en conservent qu'une petite touffe au sommet de la tête, où ils plantent une ou deux plumes.

Chaque homme porte sur lui ses armes, sa pipe et son tabouret, et quand il est posé debout sur un pied, il les tient à ses mains, sauf le tabouret, attaché à son dos. Leurs flèches sont empoisonnées, ou avec une résine qui vient d'un pays lointain à l'ouest de Gondokoro, ou avec le suc d'une espèce d'euphorbe commune aux environs. Les pointes en sont faites avec une habileté diabolique. Les unes sont fixées au bois par des emboîtures, les autres se détachent lorsqu'on essaye de les retirer et restent dans la blessure, de façon que le poison est absorbé avant qu'on ait pu extraire la pointe de la flèche. Les arcs sont formés de bambous mâles, toujours tendus, très durs, mais dépourvus d'élasticité. Quant aux flèches, dénuées de plumes, elles sont faites de roseaux ou de baguettes de bois léger, dont la base est un peu renflée pour offrir un point d'appui à la corde. Celle-ci ne se tire pas de la façon ordinaire. La flèche n'est tenue qu'entre la jointure du milieu de l'index et le pouce, de façon que, l'arc n'ayant aucune élasticité, la portée des flèches ne dépasse pas 110 mètres.

Les mauvais traitements des négociants de Gondokoro avaient fait des Baris les plus redoutables des nègres voisins du Nil Blanc. Aussi la sécurité des membres de l'expédition se trouvait-elle des plus compromises, entre l'hostilité des nègres armés de leurs flèches empoisonnées, et des centaines de brigands turcs qui passaient leurs journées à boire, à se disputer et à tirer des coups de fusil.

D'après sir S. Baker, Gondokoro était à cette époque un véritable enfer. A chaque jour, à toute heure il n'y avait pas d'éventualité plus probable pour un Européen que de recevoir, *par hasard, une balle dans la tête*. Les honnêtes trafiquants de l'endroit n'auraient vu dans cet accident que l'immense avantage d'être délivrés d'un espion... supposé. Un malheureux enfant, assis sur le plat-bord d'un bateau, fut foudroyé de cette manière. Nul n'avait fait le coup! Le cadavre, tombé dans l'eau, fut entraîné par le fleuve. On balaya les fragments de crâne et de cervelle projetés sur le pont, et ce fut tout.

Le séjour à Gondokoro n'avait donc rien de bien agréable, d'autant plus que les bandits blancs avaient poussé à la révolte les gens de sir S. Baker, auxquels avait été refusée l'autorisation de faire une razzia sur les bestiaux des Baris.

« Convaincu, dit sir S. Baker, de la nécessité de ne pas céder à l'émeute et de punir son chef, un Arabe du nom d'Isour, je marchai droit à celui-ci pour le saisir; mais, soutenu par une quarantaine de camarades, il se crut assez fort pour intervertir les rôles et s'élança sur moi avec une furie des plus ridicules. Je n'eus pas de difficulté à parer le coup qu'il me destinait, ni à le rejeter au milieu des siens; d'un second coup je le mis hors de combat, puis, le saisissant à la la gorge, j'ordonnai à Saati de m'apporter une corde pour le lier.

« Alors les insurgés firent une nouvelle tentative pour mettre leur chef en liberté. Je ne sais comment tout cela aurait fini; mais la scène se passant à une dizaine de mètres du bateau, ma femme, malade de la fièvre dans la cabine, entendit tout ce tapage.

« Me voyant entouré, elle se précipite sur le rivage et, en quelques instants, se trouve au milieu de la foule qui essayait de délivrer mon prisonnier. Son apparition soudaine produit l'effet le plus étrange. Réclamant le secours des moins mutins, madame Baker se fraye avec beaucoup de courage un chemin jusqu'à moi. Je profite d'un moment d'indécision qui semble se manifester parmi les révoltés, et je crie au tambour de battre la caisse. L'ordre étant immédiatement exécuté, je commande de former les rangs.

« Il est curieux de remarquer avec quelle précision machinale un commandement est obéi, s'il est donné à propos, même au milieu d'une émeute. Les deux tiers des hommes s'alignèrent, tandis que les autres se retirèrent en entraînant Isour qu'ils déclaraient grièvement blessé!

« L'affaire se termina par un nouvel ordre à toute la

troupe de s'aligner tandis qu'on amènerait le chef de l'émeute. A ce moment critique, madame Baker s'avance avec le plus grand tact, et me supplie de pardonner au coupable pourvu qu'il me baise la main et me demande grâce. Ce compromis pacifia complètement mes hommes. Quelques instants auparavant, ils étaient en pleine révolte; maintenant, ils disent à leur chef de faire des excuses et que tout s'arrangerait. Je leur adressai une verte semonce et les congédiai. »

Il y avait douze jours que sir S. Baker était à Gondokoro, attendant la caravane de Debano qui revenait du sud; il voulait l'accompagner quand elle y retournerait. Tout à coup, le 15 février, il entendit au loin, dans la direction du sud, une décharge de mousqueterie, puis quelques coups de feu isolés.

« Coups de feu au loin! écrit-il dans son journal. Les porteurs d'ivoire que j'attendais sont arrivés. Mes gens se précipitent vers mon bateau comme des fous, disant que deux hommes blancs venus de la mer sont avec eux. Est-il possible que ces deux hommes soient Speke et Grant? Je pars... Oui, les voilà! Hourra pour la vieille Angleterre! Ils sont revenus du Victoria-Nyanza, d'où sort le Nil [1]... Le mystère des siècles est découvert! Au plaisir de les voir se mêle un sentiment de désappointement. J'aurais voulu les rencontrer plus loin; cependant j'ai la satisfaction de savoir que, d'après mes arrangements, j'étais sûr de les trouver s'ils eussent été dans l'embarras. Mon chemin projeté m'aurait conduit droit à eux, car ils sont venus du lac par le chemin que je m'étais proposé de suivre... Tous mes compagnons sont fous de joie : en tirant une salve à balles, ils ont tué un de mes ânes. Triste

1. C'est le 28 juillet 1862 que Speke et Grant virent sortir le Nil du lac Victoria. Speke lui imposa alors le nom de Nil Somerset. Au-dessus du 2° degré de latitude nord, après une brusque courbe, le Nil Somerset se dirige en droite ligne vers le lac Albert, il en sort au-dessus du 3° degré de latitude, et de là poursuit son cours jusqu'à la Méditerranée.

offrande pour célébrer le triomphe de cette découverte géographique !

« Je les aperçus comme ils se dirigeaient vers mes bateaux. A la distance d'environ 100 mètres, je reconnus mon vieil ami Speke. Le cœur bondissant de joie, j'ôtai mon bonnet et criai de toutes mes forces : « Hourra ! » en courant vers lui. J'avais une barbe et des moustaches de dix années, et comme Speke ne s'attendait à rien moins qu'à me rencontrer au cœur de l'Afrique, il ne me reconnut pas d'abord. Quant à son compagnon Grant, nous nous sentions amis avant d'avoir été présentés l'un à l'autre. Ces deux voyageurs entraient à Gondokoro comme deux navires battus par les hasards d'une longue et périlleuse traversée, mais encore en excellente condition. Speke était excessivement maigre et paraissait le plus fatigué ; mais il venait de faire à pied tout le voyage depuis Zanzibar, et sa santé restait robuste. Grant portait glorieusement ses haillons, ses restes de pantalons troués aux genoux ; il marchait soutenu par une ardeur fébrile. Ces deux amis avaient dans leurs yeux cette flamme qui témoignait de l'énergie dont ils avaient fait preuve.

« Ma première impression fut que leur rencontre terminait mon expédition en la rendant inutile ; mais eux-mêmes, en me remettant fort généreusement une carte de leur voyage, me montrèrent qu'ils n'avaient pas pu achever l'exploration du Nil proprement dit et qu'il en restait encore à faire une étude fort importante.

« Ayant quitté le Nil à 2° 17′ de latitude septentrionale, ils ne l'avaient revu qu'à 3° 32′. On leur avait dit que dans cet intervalle, tournant à l'ouest, le fleuve allait se perdre dans un lac, le Louta N'zigé, d'où il ressortait pour se diriger vers le nord. Comme on affirmait que ce lac s'étendait du sud au nord dans la direction du Nil, il devait, s'il en était ainsi, jouer dans le bassin de ce fleuve un rôle important. Speke le considérait donc comme une seconde source du Nil, et regrettant bien amèrement de ne l'avoir pas pu visiter, il m'engageait d'autant plus chaleureusement à combler cette lacune dans ses découvertes.

« Je me résolus donc à continuer mon voyage et je reçus de Speke des instructions dont voici les points principaux. — Après m'avoir conseillé de prendre deux interprètes parlant les idiomes des Baris ou des Madis et de l'Ounyoro, parce que tous les dialectes de cette région appartiennent à ces deux familles de langues, il m'indiquait la route la plus directe à suivre pour me rendre chez Kamrasi, M'Kamma ou roi de l'Ounyoro, un des pays dont les bords sont arrosés par le Louta N'zigé ou lac des Sauterelles mortes; il m'engageait à éviter d'aller voir d'abord Rionga, le frère de Kamrasi, mais son ennemi mortel, parce qu'autrement je me fermerais l'entrée de l'Ounyoro; à essayer de visiter l'Outoumbi et à prendre des informations sur la Rouanda et les montagnes M'Foumbiro, pour savoir s'il y a du cuivre dans la première contrée, et si les habitants reçoivent des simbis ou cauris et d'autres articles de marchandises venus de la côte occidentale,

« Une carte dressée par Grant et ces instructions si généreusement données complétaient tous les renseignements dont j'avais besoin pour mon voyage. »

Speke et Grant partirent pour l'Égypte le 26 février.

Dès lors sir S. Baker se retrouvait seul au milieu de ses mécréants. Des difficultés de toutes sortes allaient le retenir encore pendant un grand mois.

Un complot se tramait pour ruiner l'expédition, afin que le secret du *négoce* du Nil Blanc ne fût pas découvert. Sourdement travaillés par les marchands de Gondokoro, les engagés de sir S. Baker devaient se soulever et aller rejoindre les traitants pour faire avec eux la chasse aux esclaves.

Deux nègres, Richarn et Saat, furent les seuls soutiens vraiment fidèles de l'expédition, et c'est à eux qu'en est dû le succès.

« Le premier, dit sir S. Baker, élevé à Khartoum par les missionnaires autrichiens, avait pourtant oublié la doctrine chrétienne; mais il n'avait d'autre défaut que l'ivrognerie et je l'avais nommé caporal. L'autre n'était qu'un gamin de douze ans. Né dans le Fertit, enlevé à six ans par les Arabes, vendu au Caire, il s'était sauvé chez les missionnaires autrichiens, qui avaient aussi entrepris son éducation; mais ses camarades étaient de tels vauriens, qu'un jour les missionnaires avaient mis à la porte tous leurs élèves et Saat avec eux. Il était venu demander à ma femme et à moi la grâce de nous servir. Après m'être rendu à la mission, où j'avais eu sur lui les meilleurs renseignements, je l'avais engagé. Depuis lors il se regardait comme appartenant à madame Baker, qu'il aimait comme une mère. Je lui avais donné un fusil à deux coups, dont il avait appris à se servir. Il n'avait pas de défauts. Foncièrement bon, il était doué d'une grande énergie morale. C'est lui qui révéla tout le complot à ma femme. »

A force d'énergie et de présence d'esprit, notre voyageur réussit à désarmer quinze de ses hommes qui, étant Arabes, se réunirent à la bande des traitants. Les autres, des natifs de Dongola, s'étaient dispersés.

Sir S. Baker essaya d'engager des Baris, mais sans pouvoir y réussir. Dans cet embarras, il se résolut à rappeler son lieutenant. Il l'intimida en le menaçant de la justice du consul d'Angleterre, et lui dit que, s'il réussissait à ramener à leur devoir plusieurs Dongolouas, tout le passé serait pardonné.

« Ils finirent par consentir à m'accompagner, dit sir S. Baker, pourvu que je me dirigeasse à l'est et non vers le sud. Je savais par Richarn et par Saat qu'ils avaient l'intention de m'assassiner dès qu'on serait arrivé à la résidence d'un négociant nommé Tchénouda, dont les gens étaient aussi des Dongolouas; mais, convaincu que le point principal était de m'éloigner avant tout de Gondokoro, je consentis à leur condition, en feignant de croire à leur bonne foi. »

Dès que les traitants arabes furent partis, sir S. Baker fit plier les tentes, disposer les animaux et préparer tout pour la marche. Le 26 mars à sept heures du soir, sans guides et sans interprètes, il quitta Gondokoro et se dirigea vers l'Afrique centrale.

CHAPITRE VII

Tollogo. — Ellyria. — Létomé. — Le Latouka.

Heureusement, après un jour de marche, se présentèrent devant sir S. Baker deux indigènes du Latouka, qui lui avaient fait visite à Gondokoro et envers lesquels il s'était montré très généreux. Cette heureuse circonstance lui fournissait des guides jusqu'à Tarrangolé, c'est-à-dire pour une distance de 150 kilomètres. Il donna sur-le-champ à chacun de ces Latoukiens un bracelet de cuivre et des verroteries; à leur tour, avec beaucoup de bonne humeur, ils soulagèrent les chameaux de 50 kilos pesant d'anneaux de cuivre qu'ils portèrent dans deux paniers sur la tête.

En arrivant à une localité nommée Tollogo, les voyageurs, à peine arrêtés, se virent entourés par 5 ou 600 indigènes. Ces gens étaient bruyants et braillaient à tue-tête parce qu'on ne les comprenait pas.

« Au même moment, dit sir S. Baker, un petit bossu, remarquablement laid, s'avança et m'adressa la parole en mauvais arabe. Enchanté de trouver un interprète, je le priai de faire éloigner la foule et je demandai à voir le chef. Le petit bossu comprenait et parlait très peu l'arabe et les naturels ne paraissaient pas faire attention à lui. Un d'entre eux déroba une lance qu'un de mes Latoukiens avait placée contre l'arbre sous lequel nous étions assis. Tout cela commençait à prendre une apparence suspecte; mais il n'était pas à craindre que l'on me volât mon revolver et ma carabine à deux coups; je les tenais à la main.

« Sur une question que je fis au bossu, il me demanda à son tour qui j'étais : « Voyageur. — C'est de l'ivoire qu'il vous faut? — Non, je n'en ai pas besoin. — Ah! bien! des esclaves alors? — Je n'ai pas besoin d'esclaves non plus. » Là-dessus, il y eut un éclat de rire général dans la foule et le petit bossu continua à me questionner: « Avez-vous beaucoup de vaches? — Non, mais nous avons de la verroterie et du cuivre en quantité. — En quantité, dites-vous? où sont-ils? — Pas très loin; mes hommes vont les apporter tout à l'heure. » En disant ces mots, je montrai du doigt la direction d'où devait venir le reste de la caravane. « De quel pays êtes-vous? — D'Angleterre. » Il n'avait jamais entendu parler de ce pays. « Vous êtes donc Turc? — Je suis tout ce qu'il vous plaira. — Et voilà votre fils, n'est-ce pas? (montrant du doigt madame Baker qui portait un vêtement semblable au mien.) — Non, c'est ma femme. — Votre femme! Peut-on mentir comme cela! C'est un garçon. — Je vous dis que c'est ma femme; elle est venue avec moi pour voir les femmes de ce pays. — Quel mensonge! » répéta le petit bossu avec politesse.

« Après cette charmante conversation, la curiosité de la foule se transformait en impertinence, quand le chef parut enfin. Il était temps. Mon étonnement fut grand lorsque je reconnus en lui un homme qui m'était souvent venu voir à Gondokoro et auquel j'avais fait beaucoup de cadeaux sans savoir qui il était.

« En quelques minutes il dispersa toute la foule, criant et gesticulant comme s'il était grossièrement insulté. Puis, appelant près de lui le petit bossu en guise d'interprète, il me fit des excuses sur le manque de savoir-vivre de ses sujets. Il m'apporta une grande citrouille creuse contenant environ quatre litres et demi d'une *mérissa* (bière de banane) qui me rafraîchit beaucoup. Il me donna aussi une gourde pleine de miel et une défense d'éléphant; je refusai ce dernier présent, n'ayant pas besoin d'ivoire. »

Après trois nuits et deux jours de marche presque sans repos, tant sir S. Baker avait hâte d'atteindre avant la caravane des Turcs le passage des montagnes, l'expédition arriva au défilé d'Ellyria. Les rochers, les arbres et les buissons l'obstruaient au point que tout le monde y eût été massacré indubitablement en cas d'hostilités.

Sir S. Baker et sa femme, guidés par un des Latoukiens, partirent en avant et gravirent le col jusqu'au faîte.

« Après avoir tourné un angle de la montagne, dit sir S. Baker, et avoir laissé à gauche un rocher s'élevant au bord du chemin, dans une direction presque perpendiculaire, nous descendîmes par un ravin plus difficile qu'aucun de ceux qui nous avaient précédemment arrêtés, et nous eûmes à mettre pied à terre afin de faire remonter à nos chevaux les rochers escarpés de l'autre paroi.

« En atteignant le sommet, nous jouîmes du coup d'œil le plus magnifique. A environ 120 mètres au-dessous de nous, la vallée d'Ellyria s'étendait sur environ 1600 mètres; de superbes montagnes de granit gris, de 6 à 900 mètres de hauteur, formaient comme un mur de chaque côté; tandis qu'à une centaine de kilomètres de distance, les montagnes bleues du Latouka bornaient les plaines et les forêts qui composaient le paysage. La montagne d'Ellyria était le commencement d'une chaîne s'étendant indéfiniment jusqu'au sud. Nous nous trouvions en ce moment au milieu même de la passe de cette chaîne.

« Au-dessous de nous, dans la vallée, je remarquai quelques arbres de très grandes dimensions croissant sur les bords d'un ravin plein d'une eau courante; les flancs de la vallée au pied de la montagne, jonchés, comme à l'ordinaire, d'une masse de débris d'immenses quartiers de rochers, offraient partout des villages entourés d'épaisses palissades de bambou. Le pays entier pouvait se comparer à une suite de forts naturels, habités par une nombreuse population.

« Je devais renoncer à m'y ouvrir un passage par la force et je me résolus à me risquer seul dans la vallée, pour y reconnaître les dispositions des habitants. Poutant, je voulais d'abord voir venir une caravane. L'anxiété commençait à nous gagner, quand au loin j'entendis des voix dont le bruit s'approchait; je regardai vers le ravin, et à moins de cinquante mètres de nous je vois sortir du sombre feuillage *le drapeau rouge et le croissant*, ce drapeau détesté, *à la tête de la caravane des Turcs!* Nous étions dépassés.

« La troupe consistait en 140 hommes armés de fusils; des Latoukiens, en nombre double, les accompagnaient, faisant le service de porteurs, chargés de verroterie, de munitions et des bagages de la caravane. Nous étions donc absolument battus.

« Je résolus pourtant d'avancer à tout hasard, aussitôt que mes gens seraient arrivés. Si les Turcs excitaient les naturels d'Ellyria à nous attaquer et qu'une bataille survînt, je comptais bien tirer mon premier coup sur le chef de la troupe. Il était intolérable de se voir ainsi défait au dernier moment. Pendant que ces misérables défilaient devant moi, nous regardant comme si nous eussions été des chiens, j'avais peine à contenir mon indignation. Je brûlais d'agir, quelque petite que fût la chance en ma faveur. Enfin, le chef Ibrahim parut, conduisant l'arrière-garde. Il s'avançait le dernier, sur son âne, immédiatement derrière l'étendard qui fermait la marche.

« Jamais figure ne me sembla plus atroce. Né d'un père turc et d'une mère arabe, il portait sur ses traits élégants les mauvaises qualités des deux races. Nez délié, pointu, aquilin; larges narines, menton proéminent; pommettes assez saillantes, épais sourcils au-dessus de deux immenses yeux noirs; l'ensemble de cette physionomie me semblait exprimer tout ce qu'il y a de mauvais. En approchant, il affecta de ne pas nous accorder la moindre attention, mais regarda droit devant lui avec l'insolence la plus déterminée.

« A ce moment critique, ce fut madame Baker qui sauva notre expédition. Elle me conjura d'appeler Ibrahim, d'insister sur une explication complète, et de lui offrir un présent capable de lui faire conclure avec nous un arrangement amiable. Je ne pouvais pas me résoudre à adresser la parole à ce bandit. Il était sur le point de disparaître, et le succès dépendait de cet instant. Madame Baker l'appela elle-même. D'abord il ne fit aucune attention; mais lorsque j'eus à mon tour prononcé son nom d'une voix plus forte, il tourna son âne vers nous et mit pied à terre. Je lui dis d'approcher, car ses gens étaient fort en avant, et nous nous trouvions seuls. »

Après la formule de salutation en usage chez les Arabes, sir S. Baker demanda à Ibrahim de se décider franchement pour ou contre lui. Il lui représenta qu'il ne lui faisait pas concurrence, qu'il lui enverrait tout l'ivoire dont il pourrait prendre possession en route, et que, pour l'amour de Courchid son maître, il le récompenserait bien.

Madame Baker plaida la même cause, et Ibrahim, déjà ébranlé, se laissa persuader par la promesse d'un fusil à deux coups et d'une certaine somme en pièces d'or. Cependant, en partant, il conseilla à sir S. Baker de ne pas se joindre à sa troupe, qui lui était hostile.

Quand sir S. Baker et sa femme furent descendus dans la vallée et assis à l'ombre d'un arbre, comme le leur avait commandé Ibrahim, ils virent arriver Leggé, le chef de ce canton, qui venait demander son droit d'entrée sur son territoire. De toutes les physionomies vues jusque-là par notre voyageur, celle de ce chef était la plus repoussante. Sa figure exprimait la férocité, l'avarice et la sensualité.

« Je priai l'aimable homme, dit sir S. Baker, de m'accorder sur-le-champ une séance, et de poser pour son portrait; au bout d'environ dix minutes, j'eus le paisir de mettre dans mon portefeuille la ressemblance du plus grand vaurien qui existe, même dans l'Afrique centrale, et c'est beaucoup dire.

« Enfin, j'aperçus ma caravane qui descendait doucement et en bon ordre le flanc de la montagne, après avoir surmonté toutes les difficultés.

« En arrivant, mes gens furent stupéfaits de nous voir si près de l'autre caravane ; ils le furent encore plus quand j'envoyai dire à Ibrahim de venir à l'arbre du rendez-vous. Là, je

PORTRAIT DU CHEF LEGGÉ.

lui remis quelques souverains anglais et un fusil à deux coups. Comme rien n'échappe à la curiosité de ces Arabes, on comprit bientôt, des deux côtés, que j'avais conclu avec Ibrahim un traité d'alliance, bien qu'on ne pût pas s'en rendre compte. Je vis passer de main en main l'arme dont je venais de faire présent. Un changement si soudain de disposition surprit fort mon vakil et ses hommes. »

Quant à Leggé, après avoir reçu de beaux cadeaux et avalé une pinte du plus fort alcool, il en demandait une seconde lorsque heureusement éclate un épouvantable orage qui le força de se mettre à l'abri. Revenu dès que la tempête fut passée, il prit sa triple part d'une marmite de riz accommodé au miel pour la Caravane.

Quoique Ellyria soit un pays riche et puissant, il fut impossible à sir S. Baker de s'y ravitailler. Les naturels n'avaient rien voulu lui vendre, et leur conduite en général prouvait qu'ils eussent été pour lui des ennemis féroces, si les Turcs les avaient excités à l'attaquer. Heureusement il avait une bonne provision de vivres préparés avant son départ de Gondokoro, de telle sorte qu'il ne redoutait pas la famine. Il emportait aussi, pour les bêtes, un sac de blé, précaution nécessaire, car, dans cette saison, pas un brin d'herbe ne se faisait voir, tout ayant été grillé par la chaleur le long de la route.

Sir S. Baker partit le 30 mars et rejoignit au galop la caravane d'Ibrahim, qui avait pris les devants.

Cette troupe bariolée, défilant un à un et couvrant environ 800 mètres, présentait un singulier coup d'œil : les uns étaient montés sur des ânes, les autres sur des bœufs : pour la plupart ils marchaient à pied, y compris 60 femmes esclaves, portant toutes de lourds fardeaux, et quelques-unes des enfants attachés sur le dos avec des courroies.

Ibrahim se trouvait près de son étendard, ayant devant lui, sur sa selle, une fort jolie petite fille de dix-huit mois, dont la mère, jeune femme barie, également charmante, venait derrière, montée sur un bœuf. Il répéta à sir S. Baker ce que celui-ci savait depuis Gondokoro, grâce aux rapports de Saat, à savoir que ses gens avaient fait le complot de l'abandonner dès qu'ils auraient atteint, dans le Latouka, la résidence de Tchénonda, autre *négociant* turc. Tout en recevant l'assurance de la neutralité d'Ibrahim et de ses gens dans cette circonstance, notre voyageur se promit de réprimer sans ménagement toute tentative d'insurrection.

En effet, quand il arriva à Létomé, où résidait la bande de Mohammed Her, lieutenant de Tchénonda, une altercation s'étant élevée entre les deux caravanes turques, sir S. Baker vit tous ses gens s'opposer aux prétentions d'Ibrahim.

« Je remarquai tout près de moi, dit sir S. Baker, et en avant des hommes qui venaient de se lever, le nommé Bellaal qui me toisait de la tête aux pieds avec la dernière insolence. Il avait son fusil à la main et faisait du regard signe aux coquins qui se trouvaient à côté de lui, tandis que pas un seul des autres ne songeait à se remuer, quoiqu'ils fussent pour ainsi dire à mes pieds.

« Feignant de ne pas remarquer ce drôle qui, comme je l'avais bien pensé, était encore une fois le chef de l'émeute, je commandai pour la troisième fois aux hommes de se lever tout de suite et de charger les bêtes de somme. Aucun d'eux ne bougea ; mais cet impudent Bellaal vint à moi et, me regardant en face, frappa la terre de la crosse de sa carabine d'un air de défi, pour donner le signal de l'émeute.

« — Personne n'ira avec vous ! s'écria-t-il. Allez où il vous plaira avec Ibrahim, mais nous ne vous suivrons pas ; nous ne bougerons pas d'un pouce. Les hommes ne chargeront pas les chameaux. Donnez cette besogne aux nègres ; nous n'en voulons plus. »

« Pendant un instant je regardai mon drôle. La conspiration avait éclaté et je me ressouvins des menaces et de l'insolence qu'il m'avait fallu endurer à cause de l'expédition. « Armes bas ! m'écriai-je en fureur, et chargez les chameaux ! — Je n'en ferai rien, répondit-il. — Reste donc là ! » lui dis-je en lui assenant sur la mâchoire, avec ma main droite, un coup aussi prompt que l'éclair.

« Il roula à terre d'un côté, son fusil de l'autre, et le misérable resta étendu sans connaissance au milieu des bagages, tandis que quelques-uns de ses camarades coururent remplir envers lui les devoirs du bon Samaritain. Profitant de l'effroi que je venais d'inspirer, je me précipitai, la carabine à la main, au milieu des hommes qui hésitaient encore, et les prenant l'un après l'autre à la gorge, je les entraînai vers les chameaux et je leur ordonnai de les charger sans mot dire.

« Tous obéirent, excepté trois qui soignaient leur chef. Richarn et Saat leur crièrent de se hâter, et mon lieutenant, qui arrivait en ce moment, voyant où en étaient les choses, nous aida lui-même et persuada aux hommes d'obéir.

« La caravane d'Ibrahim était en route. Nos bêtes furent bientôt chargées, et les laissant sous la surveillance de Saat, nous nous mîmes au galop pour la rejoindre. J'avais réprimé l'émeute et donné un exemple tel que les mécontents devaient désormais avoir de la peine à trouver un chef pour une nouvelle conspiration.

« Ainsi finit le fameux complot dont Richarn et Saat m'avaient informé lors de notre départ de Gondokoro. »

Cependant six hommes, y compris Bellaal, avaient déserté avec lui pour se joindre à Mohammed-Her.

Poursuivant sa marche à travers un pays du même caractère que celui qu'elle venait de parcourir, la caravane arriva bientôt en vue de Tarrangollé, chef-lieu du Latouka et résidence d'Ibrahim.

Cette ville compte 3000 maisons, toutes fortifiées et divisées en rues faciles à défendre, excepté la grande rue, à cause de sa largeur. Ces maisons représentent exactement de grands éteignoirs de 7 mètres 50 de hauteur. La porte n'ayant que 65 centimètres de hauteur, on ne peut entrer dans ces huttes qu'à quatre pattes. L'intérieur est très propre mais sombre, les architectes de la localité ignorant ce que c'est qu'une fenêtre. Chose singulière, la forme circulaire est la seule adoptée pour la construction des demeures, parmi toutes les tribus de l'Afrique centrale [1]; et quoique la forme du toit

1. D'après Livingstone, les naturels de l'Afrique australe ne construisent jamais que des habitations rondes. Il en est de même dans l'Éthiopie et chez les Arabes de la Haute Égypte.

présente des différences plus ou moins notables, nulle part on n'est encore parvenu à percer une fenêtre.

La ville a plusieurs portes en forme de voûtes, ménagées sous les palissades; à la nuit tombante, on les ferme au moyen de grandes branches d'une sorte de mimosa à fortes épines.

Le Latouka a trois chefs dont le premier se nomme Moy, le second, frère du précédent, Commoro, guerrier renommé, et le troisième Adda.

Les Latoukiens constituent peut-être la plus belle race de l'Afrique centrale.

Ils sont grands et diffèrent beaucoup des riverains du Nil Blanc par leur politesse et les agréments de leur physionomie. Ils sont fort braves et passent pour supérieurs à toutes les tribus qui combattent à pied; mais ils ne peuvent repousser en plaine les attaques de la cavalerie des Akkaras qui habitent dans l'Est et font parfois des invasions chez eux. Les hommes n'ont d'autre parure que leur coiffure en forme de casque.

Chaque tribu, dans cette région, se distingue des autres par sa coiffure.

Celle de Tarrangollé est faite avec la chevelure laineuse entrelacée, peu à peu, de ficelle. C'est un travail qui exige une persévérance de plusieurs années. A mesure que les cheveux traversent le premier réseau, ils sont arrangés comme les premiers; en sorte qu'au bout d'un assez long temps le sommet de la tête est surmonté d'une substance compacte qui a l'air d'un casque de feutre ayant environ 4 centimètres d'épaisseur. On y forme un rebord solide de la même épaisseur, en cousant les cheveux avec du fil. Le devant est protégé par deux plaques de cuivre, dont la plus haute a près de 30 centimètres; puis ce casque est orné de verroteries, dont les plus recherchées sont en porcelaine rouge ou bleue. Le tout est entouré d'un cercle de cauris et surmonté de plumes d'autruche.

Les Latoukiens n'ont ni arcs ni flèches; leurs armes sont des lances, des massues à tête de fer, des sabres, et ce bracelet de fer garni de lames de couteau dont l'équivalent se trouve chez les Nouêrs. Pour arme défensive, ils ont un bouclier en peau de girafe fort dur, bien que très léger; ce bouclier a 1 mètre 40 de long sur 60 centimètres de large.

Les femmes, généralement fort laides, sont d'immenses créatures, très robustes, pourvues de membres gigantesques et atteignant 1 mètre 70. Elles portent aussi de longues queues par derrière, s'enduisent le torse de graisse et d'ocre rouge, ont par devant un petit tablier en cuir et recherchent beaucoup les grains de porcelaine rouge ou bleue.

« Le grand chef Moy, qui me fut présenté par Ibrahim, dit sir S. Baker, m'amena sa femme favorite Bekké, la plus jolie femme sauvage que j'aie pu voir, malgré ses cheveux coupés ras et enduits d'ocre rouge, et malgré son tatouage. Elle trouva, ainsi que sa fille, fort risible que je n'eusse qu'une femme, et elle conseilla très cordialement à madame Baker de se faire raser la tête et arracher les quatre dents de devant, afin de se faire traverser la lèvre inférieure, comme toutes les lionnes du Latouka, par un tube de verre ayant la forme et la longueur d'un crayon. C'est un usage d'ailleurs commun à toutes les femmes des tribus sur le bord du Nil Blanc [1].

« Tandis que chez nous une famille de filles charmantes est ruineuse, en raison même du nombre dont elle se compose, ici les filles sont une valeur. Les frais de leur toilette sont nuls, et chaque femme jeune et vigoureuse est payée dix vaches à son père. Cependant les Latoukiens tiennent plus à

1. Comme le bracelet à griffes pour les hommes, cet ornement de la lèvre inférieure, pour les femmes à la mode, est en usage chez les Nouêrs. Ce peut être encore, comme la différence des coiffures, un moyen de distinguer entre elles les tribus. Dans l'Afrique australe, les Tocas s'arrachent les quatre incisives de la mâchoire supérieure par haine, disent-ils, pour le couagga et le zèbre et par vénération pour l'espèce bovine.

leurs vaches qu'à leurs femmes. Ils viennent tout récemment d'en donner une preuve éclatante.

« La troupe de Mohammed-Her avait attaqué un village prudemment respecté par celle d'Ibrahim. Elle avait, sans grande résistance, enlevé, pour les réduire en esclavage, les femmes et les enfants ; mais, quand ils la virent emmener aussi leurs vaches, les Latoukiens étaient devenus furieux. Les gens de Mohammed, bravement attaqués, cernés dans un défilé, poussés vers un gouffre, précipités de 150 mètres de haut par les assaillants, avaient tous été tués, avec 200 auxiliaires qui s'étaient joints à leur entreprise. Presque seuls, Mohammed-Her et Bellaal, échappés au massacre des leurs, étaient rentrés au camp.

« Où sont ceux qui m'ont abandonné ? demandai-je solennellement. — Tous morts, me répondit-on. — Ils auraient mieux fait, répliquai-je, de rester avec moi que de devenir la pâture des vautours. » Et j'ajoutai avec emphase : « Il y a un Dieu. » Cette terrible catastrophe, si voisine de la malédiction que j'avais prononcée, fit croire à tous que j'y étais pour quelque chose, et l'on me redouta. »

Malheureusement, enorgueillis de leur victoire, les Latoukiens devinrent menaçants pour tous les blancs. Ibrahim était allé chercher des munitions à Gondokoro, ne laissant à Tarragollé que 35 hommes sous les ordres du lieutenant Souleiman. En son absence, sir S. Baker eut beaucoup de peine à empêcher les indigènes de se soulever contre lui et de l'envelopper dans le châtiment qu'ils avaient infligé aux gens de Mohammed-Her. Aussi, pour n'être plus compromis par la société des Turcs, il dut prendre le parti d'établir son camp hors de la ville, à 400 mètres environ de la porte d'entrée.

En peu de jours, il fit élever des abris pour ses hommes et deux bonnes huttes pour lui et sa femme. Ayant une provision considérable de graines de plantes potagères, il disposa quelques plates-bandes où il sema des oignons, des choux et des radis. Le kraal ou camp avait 80 mètres de long sur 40 de large. Les chevaux étaient attachés dans deux des quatre angles; les autres angles étaient occupés par les ânes et les chameaux. De la sorte, il se trouvaient complètement isolés.

Les Latoukiens refusaient de lui vendre aucune tête de bétail, quoiqu'ils eussent des chèvres et des bœufs à profusion. Heureusement le gibier à plume ne manquait pas sur les bords de la rivière qui passe à 1600 mètres de Tarrangollé. Ce cours d'eau est large de 80 mètres, mais dans les grandes eaux il a à peine 90 centimètres de profondeur.

Sir S. Baker y tuait souvent, avant le déjeuner, une douzaine de canards, autant de grues; souvent aussi des oies dont la tête était écarlate et l'aile armée d'éperons.

Un jour, les tambours battirent, les trompes résonnèrent, tout le monde courait dans la même direction : il s'agissait d'une danse funèbre à laquelle Bokké, la femme du grand chef Moy, avait invité sir S. Baker. Il se mêla à la foule et se trouva bientôt au milieu de la cérémonie.

Les célébrants avaient un costume original. Une douzaine de grandes plumes d'autruche ornaient leurs casques; des peaux de léopards et de singes noirs et blancs étaient suspendues à leurs épaules; de grandes clochettes en fer, attachées à une ceinture de cuir, pendaient au bas de leurs reins, que les danseurs remuaient avec les contorsions les plus ridicules; une corne d'antilope, nouée à leur cou, leur servait, quand leur agitation était au comble, à pousser des sons qui tenaient des cris de l'âne et du hibou. Tout le monde hurlait à la fois, et sept nogaras ou tambours d'inégale grandeur faisaient la basse dans ce concert infernal.

Les hommes, en grand nombre, exécutaient une espèce de galop où ils brandissaient leurs lances et leurs massues, en suivant, sur cinq à six de profondeur, les mouvements d'un chef qui dansait à reculons. Les femmes, en dehors du galop, s'agitaient avec lenteur en poussant des cris plaintifs et discordants. Plus loin, une longue file d'enfants et de jeunes filles, la tête enduite d'ocre rouge et de graisse, portant des colliers et des ceintures de verroteries, battaient la mesure avec leurs pieds et faisaient résonner les anneaux de fer de leurs jambes, en cadence avec la batterie des nogaras. Enfin, une femme courait sans cesse à travers les danseurs, saupoudrant leurs têtes avec de la cendre de charbon de bois qu'elle transportait dans une gourde.

Cette cérémonie devait se continuer pendant plusieurs semaines, en l'honneur d'un assez grand nombre de malheureux qui récemment étaient morts sur le champ de bataille. Et cependant, quand sir S. Baker consulta longuement Commoro à ce sujet, il ne put expliquer, ni pourquoi on honore ceux qui sont tués à la guerre, ni pourquoi on déterre les os de ceux qui ont péri chez eux. Il ne croyait pas l'homme plus intelligent que le bœuf, ne se faisait aucune idée de la vie future, n'avait pas foi aux esprits, et pensait que les hommes ne sont bons que lorsqu'ils n'ont pas assez de force pour être méchants.

Ce Commoro devait être doué d'une intelligence bien supérieure à sa race, si l'on en juge par la réponse qu'il fit à sir S. Baker qui cherchait à lui démontrer l'immortalité de l'âme.

« Ayant fait avec mon doigt un petit trou dans le sol, dit notre voyageur, j'y déposai une graine.

— Ceci, dis-je, vous représente quand vous serez mort.

« Puis, après avoir repoussé la terre dans le trou : — Cette graine, poursuivis-je, pourrira; mais il en surgira une plante reproduisant exactement la forme originelle.

— Juste! répliqua Commoro. Cela, je le comprends. Mais la graine originelle ne surgit pas de nouveau; elle pourrit, comme pourrit l'homme mort, et il n'en est plus question. Le fruit n'est pas la graine même que nous avons enterrée; mais la production de cette graine. Ainsi en est-il de l'homme. Je meurs, je pourris et tout est fini de moi; mais mes enfants poussent comme le fruit de la graine. Certains hommes n'ont pas d'enfants et certaines plantes ne produisent pas de fruits; tous sont donc irrévocablement détruits. »

L'objection était spécieuse. Sir S. Baker ne nous apprend pas comment il l'a combattue, peut-être parce qu'à ce moment même cet intéressant entretien fut interrompu par l'arrivée d'un de ses hommes qui entra en courant dans sa tente, avec la mauvaise nouvelle qu'un de ses chameaux était tombé et se mourait. Le fait n'était que trop vrai. Il s'était empoisonné en mangeant une plante bien connue, et mourut au bout de quelques heures. Rien de plus bête qu'un chameau.

On ne connaît pas bien le chameau en Europe. Loin d'être docile et patient, comme on se le figure, il est fort rétif et les mâles sont souvent dangereux. Leur entêtement est extraordinaire et leur stupidité incroyable. Ils n'ont qu'une qualité, c'est d'être admirablement adaptés aux grands déserts; sans eux on ne pourrait pas traverser certains districts où l'eau manque absolument.

Ceux qu'on estime le plus dans le Soudan sont les *bichérinns;* ils n'ont pas la taille des autres, mais ils sont très forts et très endurants.

La valeur moyenne d'un chameau de bagage, parmi les Arabes du Soudan, est de 80 francs; mais un bon *haïdjinn* ou dromadaire de selle vaut de 265 à 800 francs, selon sa force. Un *haïdjinn* de première qualité doit faire 80 kilomètres par jour, et continuer de la sorte pendant cinq jours, chargé seulement de son cavalier et d'une petite outre ou girba de cuir. Lorsque l'allure de l'animal est aisée, son trot allongé doit produire le mouvement que les nourrices adoptent lorsqu'elles bercent les enfants sur leurs genoux. Ce bercement est délicieux, et l'allure rapide et élastique d'un chameau de prix donne à celui qui le monte tant de vigueur que, n'était l'ardeur du soleil, on aimerait à voyager sans cesse. La différence de la marche et du confort pour le voyageur, entre un chameau ordinaire et un *haïdjinn* de première classe, correspond à celle qui existe entre un cheval pur sang et un pesant cheval de charrette.

Dans les excursions que fit notre voyageur autour de Tarrangollé, il trouva presque partout à fleur de sol du fer d'excellente qualité. Aussi les Latoukiens sont-ils d'habiles forgerons, malgré l'état primitif de leurs instruments. Une branche fourchue de bois vert leur sert de pinces; des pierres de dimensions différentes, voilà l'enclume et le marteau; pour faire leurs soufflets, ils prennent deux pots de 30 centimètres de profondeur à peu près; au fond de chacun ils adaptent un tube en terre d'environ 60 centimètres de long, dont une extrémité est insinuée dans un feu de charbon de bois; les pots ont leur orifice recouvert d'un cuir lâche, fort souple, bien enduit de graisse, au centre duquel est noué à angle droit un bâton long de 1 mètre 20; à ces deux bâtons, le souffleur imprime un mouvement perpendiculaire très rapide et qui produit un fort courant d'air. C'est avec ces outils que les Latoukiens produisent des fers forgés qui étonneraient les ouvriers européens.

Ils font d'excellentes molottes, c'est-à-dire des houes de fer, scrupuleusement éprouvées, soigneusement taillées en cœur, comme les bêches de nos mineurs, et dont le manche a ici de 2 mètres 10 à 3 mètres de longueur. Comme cet instrument est le seul que ces sauvages emploient à l'agriculture, il est fort estimé par eux. Le long du Nil Blanc et jusqu'à l'Ounyoro les molottes forment le principal objet d'échange, soit contre l'ivoire, soit contre des bœufs. Sans molottes ou sans femmes à troquer, il est à peu près impossible, dans cette région, de se procurer du bétail; aussi ces articles d'échange sont-ils ceux que l'on s'efforce le plus d'obtenir par les razzias.

Plusieurs fois, pendant son séjour à Latouka, sir S. Baker eut occasion de chasser des éléphants sans en pouvoir tuer beaucoup, quoiqu'ils y soient assez nombreux. Un jour qu'Adda, le troisième chef, s'était enrôlé à son service pour une battue, on rencontra une grosse bande de ces animaux. Sir S. Baker en blessa un deux fois en galopant; mais sa poursuite ne lui laissait pas le loisir de recharger son arme. La bête se retournant sur lui, il prit la fuite. Un de ses gens lui apporta une carabine avec laquelle il blessa une troisième fois, l'éléphant à l'omoplate. L'animal fondit sur le chasseur qui s'esquiva et se trouva en face d'une colonne serrée de 18 éléphants. Il en poursuivit un sans réussir à l'atteindre; mais en revenant sur ses pas il rencontra son blessé qui le chargea. Il le poursuivit près de deux heures encore. Blessé de nouveau, l'animal s'élança furieux contre sir S. Baker que tous ses gens avaient abandonné. Son cheval était rendu de fatigue et il ne réussit à s'échapper qu'en trompant l'éléphant par un heureux détour. Cet animal mourut dans la nuit. Les indigènes de Tarrangollé mangèrent sa viande et ceux de Ouakkolo volèrent ses magnifiques défenses.

« Les défenses des éléphants de l'Afrique centrale, dit sir S. Baker, sont infiniment supérieures à celles qu'on se procure en Abyssinie. J'avais tué un nombre considérable de ces pachydermes dans le pays de Basé, sur la frontière abyssinienne, mais peu de leurs défenses excédaient 13 kilos et demi. Sur les bords du Nil Blanc, le poids moyen dépasse 22 kilos pour chaque défense d'éléphant mâle, et 4 et demi pour celles d'une femelle. J'ai vu de monstrueuses défenses de 72 kilos 544 grammes, et un trafiquant, M. P., en avait une qui pesait 79 kilos 984.

« Il est rare que les deux défenses de la même paire soient semblables. De même qu'un homme se sert de la main droite de préférence à la gauche, ainsi chaque éléphant a sa défense favorite, que les trafiquants nomment « le serviteur »; cette défense étant plus employée que l'autre, pèse généralement près de 4 kilos et demi de moins; elle est souvent fracturée, car l'éléphant s'en sert pour déraciner les arbres et pour dé-

SIR S. BAKER POURSUIVI PAR UN ÉLÉPHANT BLESSÉ.

terrer les racines des différents arbustes dont il fait sa nourriture.

« De tous les animaux, l'éléphant est le plus formidable, et l'espèce d'Afrique est beaucoup plus dangereuse que celle de Ceylan, car il est presque impossible de tuer l'animal en le visant au front. La tête est si étrangement construite que la balle passe au-dessus de la cervelle, lorsqu'elle ne se loge pas dans les os et les cartilages si solides où se trouvent les racines des défenses. J'ai mesuré certainement cent défenses d'éléphants mâles, et je les ai trouvées enracinées à une profondeur d'au moins 60 centimètres dans la tête. Une défense de 17 à 20 centimètres de longueur et de 56 centimètres de circonférence était plongée jusqu'à une profondeur de plus de 78 centimètres. On peut se faire ainsi une idée de la grosseur énorme du crâne et de la force nécessaire aux os et aux cartilages, pour supporter un tel poids et pour offrir un point de résistance assez solide, lorsque la défense est employée comme un levier pour déraciner les arbres.

« La cervelle d'un éléphant d'Afrique repose sur un os plat situé immédiatement au-dessus de la racine des molaires supérieures ; elle est ainsi admirablement protégée contre un coup de fusil tiré de face, et elle est placée si bas que la balle passe par-dessus quand l'animal lève la tête, ce qu'il fait toujours lorsqu'il est en colère, jusqu'à ce qu'il soit tout près de son ennemi.

« Les naturels de l'Afrique centrale chassent l'éléphant, en général, seulement pour s'en procurer la chair ; et avant que les Arabes eussent ouvert le commerce du Nil Blanc, avant la découverte de la portion supérieure de ce fleuve jusqu'à 5 degrés de latitude nord, par l'expédition de Méhémet-Ali, on regardait les défenses comme sans valeur et on n'y attachait pas plus de prix qu'aux os ordinaires [1]. La mort d'un

1. Il en était de même dans la région du lac N'gami, en 1849, ainsi qu'en témoigne D. Livingstone.

éléphant est pour les naturels une affaire importante, car elle fournit de la viande à une multitude d'individus, et de la graisse que tous les sauvages recherchent avec passion, soit comme friandise, soit comme cosmétique. Il y a plusieurs manières de tuer ces animaux; les pièges constituent la plus ordinaire, mais les vieux mâles, pleins de sagacité, s'y laissent rarement prendre. La position choisie pour ces pièges est, presque sans exception, dans le voisinage de quelque abreuvoir naturel, et les natifs montrent beaucoup d'adresse en renversant des arbres à travers le sentier habituel que suivent les éléphants, et quelquefois en y creusant des trous, afin que ces obstacles obligent la victime à prendre la direction où les pièges l'attendent. Ces fosses, d'environ 3 mètres et demi de longueur sur 1 de largeur et 2 ou 3 de profondeur, sont ingénieusement faites et diminuent graduellement jusqu'à n'avoir plus, vers le fond, que 30 centimètres de largeur. Comme la route ordinaire que les éléphants prennent pour aller boire est barricadée, ils sont obligés de suivre celle qui est entrecoupée de fosses nombreuses. Tous ces pièges sont soigneusement cachés au moyen de branchages et de paille; sur cette paille on répand d'ordinaire de la fiente d'éléphant, afin de lui donner un air plus naturel.

« Si un éléphant, pendant la nuit, tombe dans les embûches de ce sol perfide, il reste plongé jusqu'aux épaules dans la fosse et travaille enfin à s'en retirer : chaque effort qu'il tente pour recouvrer sa liberté ne fait qu'aggraver sa position. Alors une panique saisit le reste des animaux et, dans leur fuite précipitée, il en tombe toujours un ou deux dans les pièges dont le voisinage est semé en tous sens. Aussi les vieux mâles ne s'avancent-ils jamais rapidement vers l'abreuvoir : ils prêtent l'oreille attentivement, pour tâcher de reconnaître s'il y a du danger, puis ils marchent avec circonspection, étendant devant eux leur trompe, dont les nerfs délicats découvrent immédiatement le piège caché, s'il y en a. Les victimes des artifices des nègres sont de jeunes étourdis qui, pressés de s'avancer, le font au hasard et courent à leur perte, comme les actionnaires d'une entreprise véreuse. Une fois pris au piège et sans moyen d'en sortir, ils sont facilement tués à coups de lance. »

Sur ces entrefaites, Ibrahim était revenu de Gondokoro, amenant avec lui une grande quantité de munitions. Peu de temps après arrivèrent des gens du canton d'Obbo, portant des présents « à l'homme blanc qui ne recherchait ni l'ivoire ni les esclaves ». Ibrahim prit la résolution de se mettre en rapport avec cette tribu que l'on disait pacifique, et sir S. Baker partit avec lui, laissant son camp et ses bagages à la garde de cinq hommes qu'il recommanda à Commoro.

CHAPITRE VIII

L'Obbo et les Obbois.

Ce fut le 2 mai 1863, à 9 heures du matin, que sir S. Baker quitta Tarrangollé.

Durant une trentaine de kilomètres, la vallée de Latouka ressemble à un parc. Après avoir franchi, au sud, une chaîne de montagnes granitiques dont la hauteur ne dépasse pas 120 mètres, on entre dans une magnifique vallée bien boisée, d'environ 11 kilomètres de largeur ; cette vallée forme le bassin de la rivière Kaniéti que nos voyageurs avaient déjà traversée à Ouakkala, entre l'Ellyria et le Latouka.

Trois autres journées de marche dans les montagnes, par d'étroites vallées, où chaque cime porte un village fortifié, les menèrent à une ligne de faîte qui atteint 760 mètres au-dessus de la vallée de Latouka. Outre les fleurs sauvages, on y trouve diverses espèces de fruits, tous bons, entre autres une variété de pommes et une prune jaune d'un goût délicieux. De ces hauteurs le paysage est superbe : à l'est et au sud-est se groupent de hautes montagnes, pendant qu'à l'ouest et au sud se déroule une grande étendue de pays plantée comme un parc et d'un vert très foncé. Sur le plateau élevé, la saison est beaucoup plus avancée que dans le Latouka. Ces montagnes étaient le siège des orages que sir S. Baker avait observés de la plaine, et la saison pluvieuse durait là depuis bien des mois, tandis qu'à Tarrangollé tout mourait encore de sécheresse.

A vingt kilomètres de ce point on atteignait le village principal de l'Obbo.

En regardant vers le sud-est, on n'apercevait qu'un océan de montagnes dont les pics s'élèvent de 12 à 1500 mètres au-dessus du niveau général du pays. Vers le sud il n'y a pas de montagnes, mais des collines isolées; cependant le pays va en montant et les eaux se dirigent, sans exception, vers le nord-ouest.

Les Obbois diffèrent des Latoukiens par le dialecte et par l'apparence. Ils ne sont entièrement nus que lorsqu'ils vont en guerre; alors ils se tatouent le corps en le zébrant de raies rouges et jaunes.

Ordinairement ils portent pour costume la peau d'une chèvre ou d'une antilope, jetée comme un manteau sur leurs épaules. Leurs traits, surtout le nez, sont bien formés. Leur coiffure, qui ne ressemble ni à celle des Latoukiens ni à celle des Choggos, est fort propre. Les cheveux, tressés et retenus avec du fil, composent ici une queue plate assez semblable à celle du castor; une très mince lanière de cuir brut borde cette queue pour lui conserver sa forme. Leur coiffure, comme celle des Latoukiens, demande plusieurs années pour atteindre son point de perfection.

Le pays est très fertile et produit en abondance des ignames qui ont le goût de la pomme de terre, et des fruits excellents, entre autres des espèces de prunes, du raisin et des pistaches; le tabac y réussit bien; mais la région est humide et fiévreuse. C'est ici que, pour la troisième fois, sir S. Baker se mit à fumer dans des pipes de fabrique indigène, plus petites et plus élégantes qu'ailleurs : il espérait combattre ainsi l'influence malsaine du climat. Outre ces pipes, les naturels font, en poterie mal cuite et fragile, beaucoup de jarres d'une forme vraiment belle, quoiqu'elle ne soit travaillée qu'à la main, parce qu'ils ignorent la roue à potier et son usage. Les autres ustensiles, comme chez toutes les tribus du Nil Blanc en général, sont en bois ou en calebasses desséchées. Leurs maisons sont construites comme celles des Baris.

Si les hommes de l'Obbo se couvrent les épaules et la poitrine d'une peau de bête, en revanche leurs femmes sont moins vêtues qu'ailleurs. Rejetant le petit tablier de devant et la queue de derrière dont s'ornent les femmes chez les Nouërs, les Baris et les Latoukiens, elles se contentent d'attacher à une ceinture, au bas du torse, une petite frange de rognures de cuir, qui peut avoir 8 centimètres de long sur 5 de large. Les jeunes filles ne portent rien, excepté, quand leurs moyens le leur permettent, trois ou quatre rangs de petites perles blanches qui forment un tablier de 7 centimètres de long. Quant aux vieilles, elles vont, comme Ève, vêtues d'une ficelle soutenant un bouquet de feuilles vertes. Quelques jeunes filles prudes portent ce bouquet faute de mieux, car la mode ne l'a pas adopté. Ce costume a pourtant l'avantage d'être toujours frais et propre. Ces femmes sont toutes modestes de contenance ; plusieurs sont fort jolies et leur nez est délicat de formes. En somme, elles ne ressemblent guère aux Latoukiennes.

Le chef de l'Obbo, nommé Katchiba, vint voir les voyageurs, accompagné de plusieurs des principaux de sa tribu. C'était un homme d'une figure extraordinaire, âgé de 58 à 60 ans et qui, loin d'avoir la gravité convenable à la vieillesse, fit le bouffon pour amuser ceux qu'il visitait. « Il aurait pu, dit sir S. Baker, jouer le rôle de *clown* dans une pantomime. » Il était assez bon musicien et doux de caractère. Ses nombreuses femmes étaient distribuées dans les divers villages, de sorte que le chef était partout chez lui. De même que les femmes des patriarches, elles regardent comme un déshonneur de ne pas être mères. Aussi Katchiba avait-il 116 enfants, tous bien portants. A la tête de chaque village il avait mis un de ses fils.

Le même soir, Katchiba résolut de faire exécuter une danse

en l'honneur de ses hôtes et réunit ses sujets au son du tambour (nogara).

Environ cent hommes forment un cercle ; chacun tient à la main gauche un petit tambour en bois en forme de tasse, creusé d'un côté seulement, l'autre étant recouvert de la peau d'une

LE PRINCE ROYAL DES OBBOIS.

oreille d'éléphant très tendue. Au centre du cercle se pose le *premier sujet*, portant attaché à ses épaules un immense tambour recouvert comme les autres. On commence : d'abord c'est un chant exécuté en chœur sur un air sauvage mais agréable, le grand tambour marquant la mesure, tandis que les autres battent, à certains intervalles, avec tant de précision qu'on dirait un seul instrument. La danse devient très animée. Les figures varient sans cesse et se terminent par un grand galop qu'exécutent deux cercles concentriques de danseurs, courant avec la plus grande vitesse et en sens contraire l'un de l'autre. L'effet en est excellent.

Ayant décidé d'aller reconnaître les rivières qu'il devait rencontrer sur son passage, sir S. Baker convint avec Katchiba de laisser chez lui madame Baker avec le bagage, sous la garde de huit de ses hommes, et il partit, le 7 mai, avec trois compagnons dans la direction du sud.

Dans cette exploration, où il rencontra des éléphants par centaines, il passa à gué l'Aboki, qui n'est jamais à sec, et vit Féredjoke, village situé, comme les autres, sur un point culminant. Ce plateau, habité par les tribus Choggo et Madi, est plus élevé que celui de l'Obbo; il a 1 205 mètres d'altitude. Le chef de ce village, qui reçut notre voyageur d'une façon amicale, affirma, comme Katchiba, qu'il était impossible de traverser l'Asoua en cette saison.

En revenant à Obbo, sir S. Baker trouva sa femme installée dans une belle hutte dont le faîte était haut de $1^{m},20$. Elle avait été parfaitement traitée; Katchiba s'était montré pour elle plein des plus délicates attentions, et jour et nuit un de ses fils avait monté la garde à la porte de la cabane.

« Ordinairement, dit sir S. Baker, Katchiba, qui éprouvait de la difficulté à marcher, voyageait porté sur le dos d'un de ses vigoureux sujets et suivi de deux hommes de rechange qui servaient alternativement de guides et de montures. Une de ses femmes l'accompagnait avec une jarre de bière, dont il buvait assez copieusement pour que, s'il faut en croire la chronique, il fût souvent nécessaire que deux hommes, au lieu d'un, prissent le soin de le porter. Un jour, sous prétexte d'en imposer à ses sujets et d'obtenir plus aisément de leur libéralité des poulets à l'usage de ma femme, il emprunta un de mes chevaux; mais l'animal, peu accoutumé aux allures d'un tel cavalier, le jeta assez rapidement par terre, d'où Katchiba conclut qu'il serait plus sûr pour sa santé de se contenter de monter sur un âne qu'escorteraient deux de mes hommes.

« Du reste, il faisait à la lettre, on peut le dire, la pluie et le beau temps dans sa tribu, pouvoir que les indigènes reconnaissent généralement à leur chef, depuis le Latouka jusqu'au lac N'gami. Suivant la saison, Katchiba demande à ses sujets les denrées dont il a besoin. Dans la sécheresse, il leur dit : « Point de chèvres, point de pluie ; » dans la saison pluvieuse : « Si vous ne me donnez pas de blé, vous n'aurez pas de beau temps. » Une fois, pendant mon second séjour à Obbo, ses sujets se soulevèrent parce que l'eau ne tombait pas. Katchiba vint me trouver : « Ils n'auront pas d'eau, dit-il d'abord, « avant qu'ils n'aient fait mes provisions ; » puis, changeant de ton, il ajouta : « Et vous, ne savez-vous pas faire tomber la pluie? » Évidemment la crainte de ses sujets irrités le portait à me demander une consultation. Comme j'avais remarqué que depuis plusieurs jours des nuages montaient à l'horizon dans l'après-midi, je lui répondis que, suivant moi, d'ici à quelques jours il n'y aurait point de pluie prolongée, mais bien quelques averses : « C'est justement mon avis! répondit-il enchanté. Si mes sujets m'amènent des chèvres ce soir et du blé demain, ils auront une averse dans quatre ou cinq jours; » puis il me fit siffler deux fois entre mes doigts, ce que je fis avec un bruit de locomotive, et il partit, ne doutant pas du succès de sa démarche et de mon intervention. »

Le 21 mai, après un séjour de plus de deux semaines dans l'Obbo, sir S. Baker partit pour Tarrangollé, promettant à Katchiba de revenir bientôt.

Dès son arrivé à Tarrangollé, la maladie commença à lui enlever ses bêtes de somme; cette perte fut consommée irréparablement avant la fin de l'année, pendant son second séjour à Obbo.

Vers cette époque, pour la première fois, il entendit parler du Magoungo. C'était, lui dit un naturel obbois nommé Ouadi, qui l'avait accompagné à Tarrangollé, un pays situé près d'un lac fort étendu, aux limites inconnues. De grand bateaux montés par des blancs y venaient de contrées lointaines apporter des simbis ou cauris [1]. Il importait extrèmement à sir S. Baker de découvrir la route exacte par laquelle ces petits coquillages arrivaient du sud; cela pouvait lui servir de guide pour sa propre expédition. Il fit subir une espèce d'interrogatoire à Ouadi; et les renseignements qu'il en recueillit lui facilitèrent les moyens d'effectuer la grande découverte qui couronna son voyage.

« Le 30 mai, dit sir S. Baker, environ une heure avant l'aube, je suis éveillé par un feu roulant de mousqueterie qui se prolonge ensuite en volées irrégulières, puis en coups de feu détachés mais bien soutenus. Je m'élance hors de ma hutte; je vois le camp de Kourchid presque vide et mes hommes grimpés sur le toit de leurs huttes pour tâcher de découvrir ce qui se passe vers l'ouest. On ne peut rien voir, bien que le feu se soutienne à environ 600 mètres de nous. et apparemment de l'autre côté d'un bouquet d'arbres.

« J'apprends que les gens de Kourchid sont partis ce matin, entre trois et quatre heures, à la requête de Commoro, pour attaquer une ville voisine dont les habitants ont fait preuve de rébellion. Le feu dure deux heures, puis cesse tout à coup.

« Bientôt après, à l'aide d'une lunette d'approche, j'aperçois le drapeau rouge des Turcs sortant de la forêt, et j'entends le roulement des tambours, mêlé au bêlement des moutons et au mugissement des bœufs. Ils s'approchent; je

1. Sorte de coquillage servant de monnaie courante dans certaines régions de l'Afrique.

remarque alors un corps considérable, puis un grand troupeau mené par des Latoukiens, tandis qu'un gros de Turcs portent dans leurs bras quelque chose de lourd. Ils arrivent avec environ deux mille têtes de bétail; mais le combat leur a coûté un de leurs hommes, et c'est lui qu'ils rapportent afin de l'ensevelir. Cet homme était le meilleur de la troupe, doué de très bonnes manières et, quoique voleur, d'un commerce fort agréable.

« Poussés par Commoro, les Turcs avaient attaqué la ville de Kayéla; mais les habitants s'étaient si bien défendus que leurs ennemis avaient dû renoncer à s'en emparer. Kayéla, selon l'usage du pays, est entourée de palissades de bois de fer, contre lesquelles les balles s'aplatissaient. Non seulement les Latoukiens s'étaient bravement défendus, mais leurs femmes avaient couvert les portes de la ville en lançant des pierres. Elles avaient brisé leurs meules pour en assommer les Turcs. Ces amazones vigoureuses avaient blessé plusieurs des assaillants et lancé leurs projectiles avec tant de force que les canons des fusils en étaient bosselés. Les misérables Turcs avaient tué plusieurs de ces braves femmes; l'une d'elles était sur le point d'être entraînée captive, lorsqu'un des naturels, s'élançant à son secours, perça d'un coup de lance la poitrine du ravisseur et le tua sur la place. Malheureusement pour les Latoukiens, quelques-uns de leurs troupeaux étaient partis pour les pâturages, avant le commencement de l'attaque : les Turcs s'en étaient emparés, mais pas un d'eux n'avait pénétré dans Kayéla. »

Cette razzia avait augmenté l'hostilité des Latoukiens contre les blancs; aussi, quand Ibrahim envoya l'ordre à ses gens de revenir le trouver à Obbo, sir S. Baker dut suivre leur mouvement. C'était à la fin de juin : l'humidité lui donna la fièvre, ainsi qu'à sa femme. Durant leur maladie, la hutte où ils demeuraient fut tour à tour infestée de rats, de fourmis blanches et de serpents; puis de mouches, de moustiques,

de punaises innombrables, enfin de scarabées énormes.

Dès que sir S. Baker et sa femme furent arrivés, le vieux Katchiba vint les voir, mais ne leur apporta rien, disant que les Turcs avaient dévoré le pays.

Le 16 juillet, le dernier cheval de sir S. Baker mourut. Il avait une très longue queue, en échange de laquelle fut donnée une vache. Rien n'est aussi estimé dans cette région qu'une queue de cheval, parce que les crins servent à enfiler des perles et à faire des espèces de houppes que l'on se suspend aux coudes comme ornement. Dans l'Obbo, il est aussi de fort bon ton de se passer au cou, au risque de s'étrangler, six ou huit anneaux de fer poli qui ressemblent à des colliers de chiens.

Le 18, les Obbois eurent une grande délibération qui se termina par une danse guerrière. Ils s'étaient tous peints d'ocre rouge et de terre de pipe, formant des dessins de modèles variés, et ils avaient orné leur tête d'une élégante parure faite de cauris et de plumes d'autruche qui retombaient sur la nuque. Après la danse, le vieux chef leur fit un discours très long et très énergique ; d'autres orateurs prirent ensuite la parole, et enfin on décida que « les nogaras battraient et que les gens de la tribu se réuniraient aux Turcs pour faire une razzia dans le pays des Madis ».

Le 13 août, sir S. Baker eut une longue conversation avec une femme esclave appartenant à un homme de Courchid. D'après cette femme qui s'exprimait suffisamment en arabe, notre voyageur apprit que Magoungo, dont il avait si souvent entendu parler, ne se trouvait qu'à quelques jours de marche de la capitale de Kamrasi, roi de l'Ounyoro. Elle décrivit le lac comme une nappe d'eau s'étendant à perte de vue ; que le *Gondokoro* ou Nil Blanc, après être entré dans le lac, ne tardait pas à remonter. Elle parla aussi d'une masse d'eau qui semblait tomber du ciel avec un grand bruit.

« J'espère, dit sir S. Baker, arriver à ce lac; sans cela,

j'aurai perdu mon temps, ma peine et mon argent. Il faut que je m'avance vers la capitale de Kamrasi, et de là vers le lac. Ce qui m'inquiète, c'est la conduite des gens de Courchid ; s'ils exécutent des razzias vers le sud, ils feront avorter mes plans, car mes compagnons craindront de s'aventurer à travers un pays soulevé. Je suis obligé de rester en bons termes avec le chef de ces bandits, puisque je dépends de lui pour mon interprète et mes portefaix. »

COIFFURE DES OBBOIS.

Le 30 août, sir S. Baker et sa femme firent une visite au vieux Katchiba, sur sa demande expresse. La cour de sa cabane, propre et bien battue, d'environ 30 mètres de diamètre, était entourée de palissades le long desquelles croissaient des gourdes et l'igname [1] grimpante que l'on nomme callololo.

« Il nous reçoit très poliment, dit sir S. Baker, et nous

1. Dioscorée. Plante dont les racines, comme celles de la pomme de terre, sont garnies de tubercules comestibles.

pria d'entrer dans sa demeure principale, qui était arrangée avec simplicité. C'est, comme toujours, une hutte circulaire; mais le diamètre en est de 7 mètres et demi. Nous traînant à quatre pattes à travers l'entrée, nous nous trouvons en présence d'une de ses femmes qui prépare de la *mérissa*. L'ameublement a un caractère pratique et révèle le goût du vieux chef, car la chambre sent la brasserie. On y voit plusieurs immenses jarres d'une capacité d'environ 136 litres : les unes sont destinées à la bière; dans les autres se trouvent les petits cadeaux qu'il a reçus soit des Turcs, soit de nous, y compris une chemise de flanelle rouge, à laquelle il attache le plus grand prix. Ces objets recherchés sont empaquetés dans une jarre dont l'embouchure est fermée par un autre vase, afin d'empêcher les rats et les fourmis blanches d'y pénétrer. Deux ou trois peaux de bœufs bien préparées sont étendues par terre.

« Katchiba prie madame Baker de s'asseoir à sa droite, tandis que je me place à sa gauche; il demande ensuite de la *mérissa*, que sa femme lui apporte tout de suite dans une immense calebasse; madame Baker et moi nous en buvons un peu, puis il achève le reste.

« Cet aimable vieux sorcier ayant résolu de nous divertir, envoie chercher son *rébébé;* c'est une espèce de harpe formée d'une base creuse ajustée à un manche de bois qui s'élève perpendiculairement et auquel sont attachées huit cordes. Il passe quelques instants à accorder l'instrument, puis me demande s'il doit chanter. Préparés à entendre quelque chose de comique, nous le prions de commencer. Il chante un air très plaintif, très sauvage, mais fort agréable, en s'accompagnant à merveille sur sa harpe, et nous donne le meilleur spécimen de musique que j'aie entendu en Afrique. Bref, la musique et la danse sont ce que le vieux Katchiba aime le plus, surtout quand de copieuses boissons s'y joignent.

« Ayant fini de chanter, il se lève et disparaît, mais revient bientôt, amenant au bout d'une corde un mouton qu'il nous prie d'accepter. Je le remercie, mais lui dis que nous n'étions pas venus le voir afin d'emporter des cadeaux; nous lui faisions une visite d'amis et, par conséquent, nous ne saurions songer à rien recevoir de lui.

« Là-dessus il remet le mouton à sa femme, et bientôt après nous nous levons pour prendre congé de lui et nous sortons à quatre pattes. Il nous reconduit de la façon la plus cordiale, à une distance d'environ 100 mètres, puis vous souhaite le bonjour, espérant que nous reviendrons le voir.

« De retour chez nous, nous trouvons le mouton qui nous attendait. Katchiba, déterminé à nous faire un présent, l'avait envoyé en avant. Je lui expédiai sur-le-champ un collier splendide de la plus belle verroterie, et je donnai au nègre qui avait amené le mouton un présent, pour lui-même et pour sa femme. Ainsi tout le monde est content et le mouton figure à notre dîner.

« Cependant mon influence s'établissait de plus en plus. J'avais guéri par mes médicaments les naturels de l'Obbo et les gens d'Ibrahim. Jamais, quand je pouvais leur donner ce que leurs besoins réclamaient, je ne leur avais refusé. Trois des hommes qui m'avaient abandonné à Gondokoro pour se réunir à la bande de Mohamet-Ouat-el-Mek étaient morts depuis dans une expédition.

« Cette nouvelle, rapprochée du sort qui avait frappé ceux qui à Létomé m'avaient quitté pour se joindre à Mahomet-Her, ne laissait aucun doute aux Arabes sur la puissance occulte que j'exerçais. Les nègres étaient assurés que je pouvais produire de la pluie comme Katchiba lui-même.

« Ma femme s'était fait aimer par les soins qu'elle donnait aux femmes et aux enfants. Bref, dans les querelles et les différends, c'était toujours à notre arbitrage qu'on s'en remettait.

« Je me décidai donc à entreprendre mon voyage vers l'Ounyoro en compagnie d'Ibrahim, mais à condition que j'aurais le commandement des porteurs qu'il me fournirait et des cent hommes dont il serait accompagné, enfin que les querelles et le pillage seraient formellement évités. »

CHAPITRE IX

Le Choua. — Le Nil Somerset. — L'Ounyoro et les Ounyoriens.

Le 5 juin, sir S. Baker quitta l'Obbo, bien que sa femme fût très malade et que lui-même se sentît presque mourant.

On passa l'Attabi et, trois jours après, l'Asoua. Ce torrent, que sir S. Baker aurait vu si terrible quelques mois auparavant, n'avait plus que 15 centimètres de profondeur.

Les conditions pacifiques qu'avait acceptées Ibrahim ne concernaient que l'Ounyoro. En conséquence, les Turcs, dès leur passage dans le Féredjoke, avaient pillé les greniers sous la conduite d'Obbois qui, comme nous l'avons dit plus haut, s'étaient engagés à les accompagner dans cette expédition. Ils revinrent le lendemain avec 300 têtes de bétail prises à une tribu des Madis. Cette razzia avait coûté la vie à leur porte-drapeau, tué dans la bataille.

Le 13 on arriva dans le Choua, pays charmant formant un parc naturel bien arrosé de nombreux cours d'eau, orné d'arbres superbes et par places de grands rochers de granit qui font l'effet de châteaux en ruines. Cette région était un pays « ruisselant de lait et de miel »; volailles, beurre et chèvres y abondaient à un bon marché incroyable. Sauf le langage et l'extérieur, les indigènes ressemblent exactement à ceux de l'Obbo et de Féredjoke. Leurs mœurs sont douces et ils paraissaient très désireux de vivre en bonne intelligence avec les voyageurs.

On se trouvait à une vingtaine de kilomètres de Faloro, poste avancé du négociant Débono, commandé par Ouat-el-Mek, son vakil ou lieutenant. Celui-ci, en compagnie de Rionga, le frère et l'ennemi mortel du roi de l'Ounyoro, avait récemment surpris et pillé des Ounyoriens. C'était là une fâcheuse recommandation pour sir S. Baker, Kamrasi étant fondé à soupçonner que les Turcs avaient agi ainsi d'après les ordres ou les inspirations de Speke. En raison des atrocités commises par les gens de Débono, la route pouvait être fermée à l'expédition.

« Heureusement pour moi, dit sir S. Baker, Ibrahim avait eu très peu de chance dans sa chasse à l'ivoire. Je lui en promis 100 cantars (4354 kilos), s'il consentait à m'accompagner jusque chez Kamrasi et à me procurer des portefaix dans le Choua[1]. Le marché lui convint et nous partîmes du Choua le 18 janvier 1864.

« J'avais confié en secret à l'honnête Turc que le pays de Kamrasi pourrait bien un jour m'appartenir; que, par conséquent, il ne devait y tolérer, de la part de sa bande, ni pillage ni exaction; que tout devait être soumis à mes ordres, et qu'à ce prix les 100 cantars d'ivoire promis, et plus encore, lui étaient assurés. »

Après cinq jours de marche, tantôt à travers des contrées pittoresques, tantôt au milieu de savanes marécageuses et de hautes herbes qu'il fallait détruire par le feu, quelquefois aussi à l'ombre de la forêt vierge, la caravane atteignit, le 23 janvier, les rives du Nil Somerset, issu du lac Victoria[2].

Ici le Somerset a une largeur de 150 mètres et se précipite vers l'ouest par une série de chutes plus ou moins consi-

1. Kamrasi inspirait une telle frayeur aux Obbois, que tous les porteurs de cette tribu engagés par sir S. Baker avaient déserté en masse plutôt que de le suivre dans l'Ounyoro.

2. Nous avons dit, dans la préface, que le Nil, sortant du lac Victoria, entre dans le lac Albert, d'où il s'échappe sous le nom de Nil Blanc. Le Nil Somerset a été reconnu et baptisé par Speke; c'est le 28 juillet 1862 qu'il le vit sortir du ac Victoria.

dérables. Les naturels réunis sur la rive opposée suivaient les voyageurs en paraissant les défier. Enfin on atteignit la cataracte Kérouma; au-dessus du gué, sur l'autre bord, on apercevait le village d'Atada.

« Les hauteurs étaient couvertes de nègres, dit sir S. Baker, et on envoya un canot parlementer, car le fracas de la chute empêchait nos voix de se faire entendre à travers le fleuve. Je chargeai Bétchita de leur expliquer que le frère de Speke était venu de son pays rendre visite à Kamrasi et lui apporter des cadeaux précieux. « Pourquoi, demanda-t-on, a-t-il amené tant de gens avec lui? — Parce que, répondit Bétchita, le nombre de ses présents est tel qu'il l'oblige à se faire suivre d'une grande quantité de porteurs. —Voyons ces présents, » dit le chef.

« Pour la circonstance j'avais revêtu un vêtement pareil à celui de Speke, et montant sur une roche à pic presque perpendiculaire, je saluai la foule rangée sur le rivage opposé, en agitant mon chapeau. Pendant ce temps, Bétchita proclamait que ma femme m'avait accompagné pour remercier avec moi Kamrasi, au nom de Speke et de Grant, qui étaient revenus chez eux sains et saufs. Puis, m'avançant avec madame Baker au-devant des parlementaires, je leur présentai des cadeaux en leur demandant à être conduit immédiatement devant Kamrasi. Mais ils m'apprirent que ma présentation ne pouvait avoir lieu qu'après le retour d'un messager envoyé à M'rouli, la capitale, située à trois journées de marche, attendu que, l'année précédente, des hommes se disant les amis de Speke avaient abusé d'une réception amicale pour attirer comme alliés les gens de Rionga et pour piller ensemble l'Ounyoro, où ils avaient tué trois cents hommes au roi.

« Alors je déployai un magnifique tapis de Perse, de superbes colliers, en déclarant que je les avais apportés pour Kamrasi, mais que j'étais décidé à les porter à un autre chef puisqu'on s'opposait à mon passage. « Ne partez pas! ne partez pas! » s'écria le chef de l'ambassade. Il m'expliqua le dilemme qui pesait sur ses compagnons et sur lui. S'il me laissait partir ou s'il me laissait entrer dans le pays sans permission expresse, Kamrasi les ferait tous décapiter et détruirait le village d'Atada.

« Certes leur situation me trouvait fort sensible; mais ce qui me touchait encore plus, c'est que nous étions sans provisions et que depuis la veille nous n'avions rien eu à manger. J'essayai donc de fixer une heure avant laquelle toute ma bande devrait être transportée de l'autre côté de l'eau. Peine inutile. Le temps se passa sans qu'on se fût mis d'accord. Alors je proposai d'aller sur la rive gauche seulement avec ma femme et mes domestiques, que ma dignité ne me permettait pas de laisser derrière moi. Cette demande ne fut accordée qu'en partie.

« Cependant j'obtins d'emmener trois hommes avec nous; Ibrahim, Richarn et Saat furent donc embarqués avec ma femme et moi, en qualité de domestiques. Le reste devait se tenir prêt à passer le fleuve à la nage au premier bruit de trahison, en poussant devant eux leurs armes posées sur des paquets de roseaux papyrifères. De plus, parmi les paquets de cadeaux, je mêlai un certain nombre de carabines empaquetées et 500 cartouches à balle. C'est dans cet équipage que je réussis enfin à fouler, à ma grande joie, le sol de l'Ounyoro. »

Le lendemain sir S. Baker expédia un canot avec une de ses négresses chargée de ramener trois hommes de la caravane et trois bœufs. Ces animaux servaient de monture à quelques-uns de ses gens; mais il était nécessaire de les tuer, afin d'échanger leur chair contre du blé et d'autres provisions.

« A peine le canot était-il parti, dit sir S. Baker, qu'un cri se fit entendre, et soudain toute l'assistance se précipita vers la cabane où j'avais laissé madame Baker. Je crus d'abord qu'il y avait un incendie et je me joignis à la foule; mais je vis qu'il s'agissait seulement de quelque spectacle extraordinaire. Chacun cherchait à se procurer la meilleure place; à force de coudoyer, je pus distinguer le miracle qui avait excité tant de curiosité. La hutte étant très sombre, ma femme, pendant ma conférence avec les naturels, avait passé son temps à arranger ses cheveux sur le seuil de la porte; sa chevelure très longue et très blonde avait attiré l'attention des nègres; de là cette foule empressée d'admirer une telle merveille. Jamais le gorille ne produirait dans les rues de Londres un effet pareil à celui que nous obtenions à Atada. »

Tandis que sur la rive droite du Somerset la population est entièrement nue, sur la rive gauche elle est vêtue. Les hommes portent ici des robes d'étoffe faite d'écorces. Elles sont arrangées de diverses façons; mais, en général, elles rappellent la toge soit des Arabes, soit des Romains. Les femmes et les filles sont décemment couvertes de jupons courts à double jupe. Beaucoup d'entre elles ont les seins nus; mais d'autres portent un morceau d'étoffe jeté comme une écharpe sur les épaules et sur la poitrine. Cette étoffe est faite avec l'écorce d'un espèce de figuier. On la détache de l'arbre par grands morceaux; quand ceux-ci ont été assez longtemps dans l'eau, on les en retire, on les frappe à coups de maillet et on en forme ainsi une étoffe qui est douce au toucher comme un tissu de coton, supérieure de qualité et ayant la couleur du cuir tanné.

On prépare aussi la peau de chèvre de façon à la rendre aussi douce que la peau de chamois.

Outre les étoffes et les vêtements, les habitants de l'Ounyoro travaillent habilement le fer et la poterie.

Les forgerons ne s'y servent plus de pierres en guise de marteau, comme dans le Latouka; ils ont de vrais marteaux en fer. Leurs soufflets sont, il est vrai, aussi primitifs que ceux que nous avons décrits précédemment; cependant les ouvriers ont l'adresse de transformer les grossiers fils de cuivre et d'archal qui leur viennent de Zanzibar, en des fils fort minces. Ils font même d'assez bonnes aiguilles.

Leur poterie surtout prouve la supériorité de leur industrie, la poterie étant le plus sûr indice des progrès qu'a faits une population pour passer de la barbarie à la civilisation. Dans le reste de l'Afrique la calebasse est ordinairement la matière des ustensiles dont se servent les sauvages. Les gourdes à écorce fort dure donnent des tasses à ceux qui les ont sciées en deux parties; mais les calebasses, différant de figure et de dimension, donnent des vases de toutes les capacités, depuis la petite fiole jusqu'à la dame-jeanne contenant près de 23 litres. Ces ustensiles naturels suffisent au besoin des tribus les plus sauvages; dans l'Ounyoro, elles ne servent que de modèles : on les y copie. Avec une terre à potier noire comme le jais et d'une belle qualité, ces sauvages fabriquent d'excellentes pipes, des tasses fort jolies, ainsi que des vases et des jarres de toutes les grandeurs, dont chacune rappelle une espèce de gourde, comme le chapiteau corinthien fait penser à une corbeille de fleurs.

Les huttes, construites en paille et en roseaux, ont 6 mètres de diamètre et une grande élévation; à l'intérieur elles ont l'air de paniers renversés, et de ruches à l'extérieur. Celle où avait été logée madame Baker avait une porte de 7 mètres 10 de haut, mais n'en était pas moins fort sombre en dedans.

On trouve dans ces régions des espèces d'oies sauvages remarquables, l'une par la huppe rouge qui se dresse sur son front, l'autre par la caroncule ou excroissance charnue qui couvre presque entièrement son bec.

Le 29 janvier arrivèrent les envoyés du roi, parmi lesquels se trouvaient trois des déserteurs de Speke, dont l'un avait été créé chef par Kamrasi. Sir S. Baker les reçut debout. Lorsqu'ils l'eurent examiné pendant quelque temps, ils déclarèrent, à la satisfaction générale, qu'il était bien le *frère de Speke.*

Notre voyageur croyait toute hésitation terminée; mais dans un long discours on lui annonça qu'un nouveau délai de quatre jours était indispensable; il fallait avoir la réponse de Kamrasi au rapport satisfaisant qu'on lui adressait sur son compte.

Perdant patience, sir S. Baker éclata. Il déclara qu'il ne tenait plus à voir un rustre semblable à Kamrasi, qu'il allait retourner dans son pays et que désormais pas un blanc ne viendrait visiter l'Ounyoro.

Cette menace, qui pouvait entraîner le supplice de tous les chefs, produisit un effet magique. Les conditions imposées par sir S. Baker furent acceptées, et pour cimenter la paix un des hommes d'Ibrahim et l'un des déserteurs de Speke, agissant au nom de Kamrasi, échangèrent et burent du sang tiré simultanément du bras droit de chacun d'eux[1].

Plusieurs canots se mirent immédiatement en route, et le 30 janvier tous les membres de la caravane étaient transportés sur l'autre rive.

Le lendemain la caravane quitta Atouda. Par ordre du roi, les naturels étaient venus en grand nombre pour transporter gratuitement les bagages. On se dirigeait vers le sud, parallèlement au Nil Somerset, en traversant un pays bien cultivé et produisant de nombreux bananiers. Ces plantes, plus hautes que celles de Ceylan, élèvent leurs tiges noires de 7 à 9 mètres au-dessus du sol.

Jusqu'ici sir S. Baker n'avait obtenu que fort peu de renseignements sur le lac Louta N'zighé, objet principal de ses recherches. La crainte empêchait même les enfants d'en

1. Cette cérémonie de l'alliance par l'échange mutuel du sang est un peu diversement racontée quelques pages plus bas; mais le sang des deux contractants est encore là tiré du bras. Dans le pays des Londas il est fourni par des incisions faites aux mains, au creux de l'estomac et au front, et l'alliance s'appelle la *késendi*; enfin, dans l'*Ounyamouési*, le sang qui sert aux deux contractants est produit par des incisions faites aux jambes.

parler; on n'avait pas même voulu lui apprendre à quelle distance il se trouvait; il avait pourtant entendu dire qu'il était plus grand que le Victoria N'yanza et que, comme celui-ci, il recevait des rivières ayant leur source dans la grande montagne Bartouma, que l'on indiquait dans le sud-ouest. Cette montagne était-elle le M'oumbiro de Speke, avec une différence d'appellation purement locale?

Sir S. Baker était atteint de fièvres bilieuses, et l'abjecte poltronnerie de Kamrasi, retardant le voyage, le clouait dans a plus malsaine des localités. Il fallut une nouvelle menace de départ pour que notre voyageur obtînt d'avancer avec toute sa caravane et cinq des hommes d'Ibrahim.

Après une marche rapide de trois heures à travers d'immenses forêts, la caravane arriva le 10 février à M'rouli, capitale de l'Ounyoro, grand village de huttes de gazon occupant la pente d'une colline inculte. On transporta sir S. Baker et ses gens sur la rive droite du Kafour, non loin de son confluent avec le Somerset. On les logea dans des huttes malpropres, situées au milieu d'un affreux marécage, où ils se trouvèrent comme prisonniers. Kamrasi campait de l'autre côté de l'eau et les nègres s'en étaient retournés avec les canots.

« Voilà, dit sir S. Baker, comment le roi de l'Ounyoro nous souhaitait la bienvenue. » J'appris que Grant et Speke avaient été logés à l'endroit même où nous nous trouvions.

Le 11, l'arrivée de la nombreuse escorte du roi effraya tellement les Turcs d'Ibrahim que, sans le sang-froid de sir S. Baker, un combat se serait engagé. La fièvre avait tellement affaibli notre voyageur qu'il dut se faire transporter auprès de Kamrasi, ou plutôt de celui qui se présentait en son nom; car, durant toute cette période du voyage, ce lâche monarque, par peur des nouveaux arrivants, fit jouer son rôle par son frère.

Sir S. Baker trouva celui-ci assis sur un tabouret de cuivre. Sans être noir, il avait le teint foncé d'un Abyssin et sa taille mesurait près de 2 mètres. Il s'excusa des retards incommodes imposés au voyageur sur la trahison qu'il avait éprouvée, l'année dernière, de la part de la bande de Débono. Quand sir S. Baker le questionna sur le Louta N'zighé, il se mit à rire en disant qu'il ne pourrait s'y rendre que par une marche de six mois; que, faible comme il l'était, il mourrait en route, loin de sa patrie, où l'on se figurerait qu'il avait été massacré, ce qui causerait peut-être l'invasion de l'Ounyoro.

« Peu importe, répondit sir S. Baker? Ma faiblesse est la suite des fatigues que j'ai éprouvées pendant plusieurs années sur le sol brûlant de l'Afrique. Je suis à la recherche du grand lac et je ne retournerai pas dans mon pays avant de l'avoir découvert. Ce n'est pas un roi qui me gouverne, mais une reine puissante; elle veille sur tous ses sujets et aucun Anglais ne peut être massacré impunément. Il faut donc que vous me fassiez conduire sans délai vers le lac. C'est de ma santé et de ma conservation que dépend le traitement que l'Ounyoro peut attendre de l'Angleterre; si je mourais ici, vous en seriez responsable. »

Alors il proposa à sir S. Baker de l'assister contre Rionga, ce que notre voyageur refusa en maintenant le caractère pacifique de son expédition. Ibrahim y fit moins de difficultés et conclut avec le roi l'alliance du sang. Chacun des deux alliés se découvrit le bras, y fit une piqûre et lécha le sang de l'autre. A partir de ce moment il y avait entre les deux contractants ligue offensive et défensive envers et contre tous, et la bande d'Ibrahim se sépara de sir S. Baker.

« Quant à moi, dit ce dernier, je restais toujours malade, sans pouvoir me soigner, parce que j'avais épuisé pour les autres toute ma provision de quinine. Chaque jour le roi de l'Ounyoro ou celui que je supposais tel devenait plus exigeant. Mes cadeaux ne paraissaient produire d'autre effet sur lui que d'aviver sa cupidité. Aux reproches que je lui en fis il répondit que je ne lui avais présenté que dix cadeaux, tandis qu'il en avait reçu vingt de Speke. Il alla jusqu'à me demander ma carabine ordinaire, ma boussole et ma montre : ce que je lui refusai.

« Enfin, à bout de prétextes, il me dit du ton le plus calme : — Eh bien, comme je vous l'ai promis, je vais vous faire conduire au lac et de là à Choua ; seulement vous allez me céder votre femme. »

« En ce moment nous étions entourés d'un grand nombre de naturels ; tous les soupçons de trahison que j'avais nourris jusque-là me parurent confirmés par cette insolente proposition. Animé de la pensée que si cette heure devait être la fin de mon expédition, elle devait être aussi le terme de l'existence de Kamrasi, j'armai tranquillement mon revolver, et l'ajustant à 60 centimètres de la tête du roi, je dis à celui-ci, avec un mépris non déguisé, que si je pressais la détente, les efforts réunis de tous ses gens ne le sauveraient pas et qu'il pouvait se regarder comme mort s'il s'avisait de répéter les inconvenantes paroles qu'il venait de proférer. J'ajoutai que dans mon pays une telle insolence ne s'expiait que par le sang ; que je voulais bien ne voir en lui qu'une brute sans conscience du bien et du mal, et que cette ignorance serait à la fois son excuse et son salut.

« Ma femme, de son côté, bondissant de son siège et exaltée par l'indignation, adressa à Sa Majesté un furieux petit discours en arabe dont le monarque ne comprit sans doute pas un mot, mais dont le ton, l'accent et l'attitude de l'orateur lui révélèrent parfaitement le sens. Bien plus, pour qu'il ne pût en ignorer le moindre trait, la femme de Bétchita, qui ressentait, toute sauvage Africaine qu'elle était, l'outrage fait à sa maîtresse, se hâta de traduire au roi, en bon dialecte ounyorien, la véhémente allocution de la jeune Anglaise.

« L'esprit d'indépendance et d'audace de la femme blanche fut peut-être ce qui impressionna le plus le malencontreux potentat dans ce *petit coup de théâtre;* évidemment il se repentit de sa proposition et, avec l'air du plus profond étonnement, il nous dit : « Pourquoi vous fâchez-vous ? Je n'ai pas voulu vous offenser; je croyais vous faire une politesse, comme j'ai l'habitude d'en faire à tous mes hôtes. Du moment que cette offre vous déplaît, n'en parlons plus ; qu'il n'en soit plus question entre nous. »

« Je reçus les excuses du monarque très froidement et me contentai d'insister pour notre départ immédiat. C'était le 23 février. Il y avait déjà quelques jours qu'Ibrahim était parti pour retourner à Choua, emportant vingt dents d'éléphants que Kamrasi lui avait données, et laissant un petit nombre de ses gens à M'rouli. Il m'avait cédé Bétchita, dont j'avais besoin pour me servir d'interprète.

CHAPITRE X

Le lac Albert.

« Comme nous nous avancions, dit sir S. Baker, vers un village en remontant le Kafour, nous en vîmes sortir plusieurs centaines d'hommes armés qui s'avançaient en vociférant. J'aurais craint une attaque si je n'avais aperçu parmi eux des femmes et des enfants; cependant j'eus de la peine à faire partager ma tranquillité à mes gens qui étaient toujours prêts à faire feu. En fait ce n'était qu'une espèce de fantasia. Les nègres, se précipitant sur nous comme une nuée de sauterelles, dansaient et hurlaient autour du bœuf que je montais. Ils feignaient de nous attaquer, puis de se battre entre eux et se comportaient comme des fous; même se jetant sur un des leurs, ils le déchirèrent à coups de lance. Leur équipement était grotesque. Vêtus avec des peaux de léopards ou de singes blancs, ils portaient des queues attachées au bas de leurs reins, des cornes d'antilopes fixées sur leurs têtes, et des barbes postiches fabriquées avec les extrémités de plusieurs queues cousues ensemble. Ils avaient vraiment l'air de démons. C'était l'escorte que nous envoyait Kamrasi pour nous accompagner jusqu'au lac; mais elle devait se trouver heureuse que nous n'eussions pas répondu par des coups de fusil aux honneurs qu'elle nous rendait si ridiculement.

« En effet, quoiqu'elle fît partie de la garde royale, sur un coup de fusil que tira Saat, elle se débanda et se dispersa dans une terreur panique. D'ailleurs elle pillait tout sur son passage. »

Le lendemain on atteignit le Kafour, qu'il fallut traverser sur une espèce de pont naturel formé par des couches entassées de planches aquatiques et ayant à peu près 60 centimètres d'épaisseur. En cet endroit la rivière avait 80 mètres de large. Sir S. Baker dit à sa femme de le suivre hardiment.

Laissons-le raconter cet épisode, le plus douloureux, peut-être de sa rude expédition.

« A peine en avais-je parcouru le quart que, me retournant, j'éprouvai l'horreur indescriptible de voir ma femme arrêtée, s'enfonçant peu à peu au milieu des roseaux et tombant tout à coup comme foudroyée. Je la retirai de sa couche humide avec l'aide de plusieurs de mes gens; mais elle restait insensible et avait tout l'air d'un cadavre. Elle avait été frappée d'une insolation. Je la transportai dans un village voisin, où elle parut près de rendre le dernier soupir.

« Cependant l'escorte continuait de danser et de hurler autour de la pauvre agonisante; elle n'avait fait que nous gêner; ses pillages mettaient en fuite les habitants sur notre route et nous réduisaient à l'impossibilité d'acheter ce dont nous avions besoin. Sa paresse nous obligeait à ne voyager que durant la plus grande chaleur de la journée, en perdant les moments précieux de la fraîche matinée; sa conduite me poussait à bout et je la menaçai de tirer sur elle si elle ne se retirait pas. Enfin j'en fus débarrassé.

« Quant à madame Baker, elle continuait d'être insensible, et nous avancions comme une marche funèbre accompagnant un cadavre à sa dernière demeure. La nuit se passa sans qu'elle fît le moindre mouvement. Je me reprochais d'être la cause de sa mort, et je ne pouvais rien faire que de prier Dieu pour elle, en lui humectant les lèvres et en lui mettant des compresses d'eau fraîche sur la tête. Tout à coup elle murmura : « Merci, mon Dieu! » Elle sortait de son atonie, mais avec le délire ; car elle était atteinte d'une fièvre cérébrale.

« Et pourtant il fallait marcher, malgré la pluie qui tombait à torrents. Nous ne pouvions trouver de vivres qu'en changeant de place. Durant sept jours, malgré ma faiblesse, je marchai donc, et durant sept nuits je veillai ma femme. Enfin je tombai à côté d'elle, de fatigue et d'épuisement, et cette nuit-là mes hommes, qui avaient mis des manches neufs à leur pioches, cherchèrent un endroit pour y creuser une fosse. A ma grande terreur, quand j'ouvris les yeux, le soleil était levé ; sans doute ma femme était morte. J'osais à peine tourner mes regards vers elle. Mais quelle joie ! sa respiration était naturelle. Elle se réveilla, elle me reconnut, elle était calme ; Dieu l'avait sauvée !

« Heureusement la volaille pullulait dans le village où nous nous trouvions, et la paille de la hutte où nous avions dormi était pleine d'œufs frais. Nous y demeurâmes deux jours. »

Après ce repos nécessaire, on repartit, emportant madame Baker dans une litière. On se trouvait alors sur un plateau élevé, au nord d'une vallée dirigée de l'est à l'ouest, fort marécageuse et large de plus de 20 kilomètres. On longeait une chaîne de rochers de quartz entrecoupée de vallées étroites couvertes de gigantesques papyrus qui rendaient la marche très pénible. Dans un de ces bourbiers, un des bœufs de selle tomba et on fut obligé de l'abandonner.

Le soir on atteignit un village du nom de Parkani, fort supérieur à ceux qu'on avait rencontrés depuis M'rouli.

Depuis quelques jours les guides affirmaient que l'on approchait du lac. L'un d'eux, Rébouga, annonça que si l'on partait le lendemain de bonne heure, on pourrait se baigner dans le lac à midi.

Ici nous devons citer textuellement.

« Cette nuit-là, dit sir S. Baker, je ne dormis guère. Il y avait plusieurs années que je m'efforçais d'atteindre les sources du Nil. Mes rêves, durant ce pénible voyage, ne m'avaient prédit que l'insuccès, et maintenant, après tant de persévérance et de labeurs, la coupe touchait à mes lèvres : avant le coucher du soleil, j'allais boire à cette source mystérieuse, à ce grand réservoir de la nature qui depuis tant de siècles avait déjoué tous les efforts faits pour le découvrir.

« J'avais espéré, prié et lutté, parmi des difficultés de toute espèce ; j'avais bravé la maladie, la faim et la fatigue pour atteindre cette source cachée ; lorsque le succès semblait impossible, nous avions résolu, ma femme et moi, de périr plutôt que de renoncer à notre projet. Était-il possible que nous fussions si près du but et que, le lendemain, il nous fût permis de dire : Notre tâche est accomplie !

« Le soleil du 14 mars n'était pas encore levé que je donnais de l'éperon à mon bœuf ; le guide avait pris les devants, car mon enthousiasme s'était communiqué à lui, grâce à la promesse d'une double solde de verroterie dès notre arrivée. Le jour était magnifique. Quand nous eûmes traversé une profonde vallée bordée de collines, nous gravîmes le versant opposé. En toute hâte j'atteignis le sommet, et soudain le prix de nos efforts se déploya devant mes regards. Bien au-dessous de moi, comme une mer de vif argent, s'étendait le lac, bornant l'horizon au sud et au sud-ouest et étincelant sous les rayons du soleil de midi. Vers l'ouest, à une distance de 80 à 100 kilomètres, des montagnes bleues semblaient sortir des eaux et s'élever à une hauteur de plus de 2000 mètres.

« Impossible de décrire les sentiments de triomphe que j'éprouvais ; je voyais la récompense de tous mes travaux, des longues années pendant lesquelles j'avais obstinément poursuivi mes recherches dans l'Afrique centrale. — L'Angleterre avait découvert les sources du Nil[1] !

1. Et c'est vrai, puisque le Nil sort des lacs Victoria et Albert. Speke, un Anglais, avait découvert le premier de ces réservoirs le 28 juillet 1862 ; et, comme on le voit, Baker, un autre Anglais, découvrit le second le 14 mars 1864. C'est ce qui explique et justifie l'enthousiasme patriotique de sir S. Baker.

« Avant d'arriver, nous étions convenus, mes gens et moi, de pousser trois hourras à l'anglaise en l'honneur de la découverte; mais maintenant que je contemplais cette vaste mer intérieure située au cœur même de l'Afrique, venant à me rappeler les vaines tentatives que les hommes avaient faites pendant des siècles pour atteindre ce point du globe, et songeant que j'étais l'humble instrument choisi pour éclairer une partie au moins du grand mystère inabordable pour tant d'autres meilleurs que moi, je me sentais oppressé par des pensées trop sérieuses pour pousser de faibles cris de joie, et je remerciai du fond de mon cœur Dieu qui, à travers tant de dangers, nous avait soutenus jusqu'au bout.

« J'étais à 1500 pieds d'élévation au-dessus du niveau du lac, et du haut de ce massif de granit escarpé, je contemplais ces eaux bienfaisantes, ce vaste réservoir qui nourrissait l'Égypte et donnait la fertilité à une terre où sans lui tout serait stérile. J'avais sous mes pieds ce lac qui, depuis l'aube de l'histoire, assurait à tant de millions d'êtres humains des bienfaits de tout genre, — un des plus grands objets de la nature, — la seconde source du Nil! Je résolus de lui donner un nom qui concordât avec celui dont Speke avait honoré le lac qu'il avait découvert : un nom illustre, rappelant d'une façon impérissable l'homme dont notre reine et l'Angleterre déplorent encore la perte. Le premier lac avait reçu le nom de Victoria; je voulus nommer celui-ci Albert.

« L'escarpement du sentier qui devait nous y conduire était tel que je me décidai à renvoyer immédiatement nos bœufs à Magoungo, où j'avais d'ailleurs formé le projet de nous rendre par eau.

« Nous descendîmes donc à pied. Madame Baker, encore très faible, chancelait à chaque pas, et de temps en temps elle se courbait, reposant sa tête sur mon épaule. Quant à moi, la fièvre m'avait fort affaibli. Nous n'allions donc que lentement et nous mîmes deux heures à descendre du sommet à la plaine. Cette plaine avait environ 1600 mètres du pied de la colline au rivage. Quand je fus arrivé là, sans penser aux crocodiles, je me précipitai dans l'eau et j'en bus à longs traits.

« Nous étions parvenus à un village de pêcheurs appelé Vacovia; nous nous y installâmes: tout y sentait le poisson, tout y faisait penser à la pêche, non pas à la pêche en miniature qu'on pratique avec une ligne en crin et une mouche artificielle. Des lignes épaisses comme le petit doigt étaient étendues à terre pour sécher; les hameçons de fer, de 12 et 15 centimètres de grosseur, qui les armaient, donnaient une idée formidable des monstres qu'ils devaient retenir; en dehors des huttes étaient appuyés des harpons destinés à la capture des hippopotames; à l'intérieur étaient rangés en bon ordre une foule d'ustensiles de pêche, solidement installés.

« Les harpons pour les hippopotames représentaient exactement le modèle de ceux dont les Arabes Hamrans se servent sur la frontière de l'Abyssinie; ils ont une étroite lance d'environ 2 centimètres de longueur avec un seul crochet. La corde est admirablement faite en fibres de bananier et le *flotteur* consiste en un grand morceau de bois d'ambatch de 38 centimètres de diamètre. Les naturels harponnent les hippopotames de l'intérieur de leurs canots, et les grands *flotteurs* sont indispensables, afin que l'on puisse poursuivre aisément la proie sur les eaux troublées.

« La vue du lac frappait mes gens d'une profonde surprise. Le voyage avait été si long et si rempli de déceptions, que depuis longtemps ils avaient cessé de croire à l'existence d'un lac et s'imaginaient que je les conduisais vers la mer. Ils contemplaient donc la scène actuelle avec stupéfaction. Deux d'entre eux, qui avaient déjà vu la Méditerranée à Alexandrie, déclaraient aux autres que nous étions arrivés à la mer, mais qu'elle n'était pas salée.

« Vacovia est un endroit misérable; le sol y est si saturé de sel, que toute culture devient impossible. Le sel est un produit naturel du district et tous les habitants s'occupent de le préparer, puis ils obtiennent en échange les denrées de l'intérieur du pays. J'allai examiner les fosses d'extraction; elles ont environ 2 mètres de profondeur. On en tire une vase noire et sablonneuse que l'on dépose dans de grandes jarres d'argile; ces jarres, dont le fond est percé de petits trous, sont remplies d'eau et placées sur des madriers; l'eau, filtrée dans d'autres jarres, est de nouveau mélangée avec de la vase fraîche, et ainsi de suite, jusqu'à ce qu'il en résulte une forte saumure que l'on fait bouillir et évaporer. Le sel ainsi obtenu est blanc, mais amer. Il provient, à ce que je suppose, de la décomposition des plantes aquatiques et riches en potasse que les vagues déposent sur le rivage. La zone unie et sablonneuse qui s'étend, l'espace de 1600 mètres, entre le lac et le pied de la falaise rocheuse, dont la hauteur est de 460 mètres, semble avoir formé jadis le fond du lac. De fait, le sol plat de Vacovia ressemble à une baie, car les rochers, qui décrivent autour de lui un arc de 8 kilomètres d'ouverture, plongent brusquement dans le lac au sud et au nord de cette courbe, dont une plage unie occupe le centre. Si le niveau du lac s'élevait de 4 mètres, tout ce terrain serait inondé jusqu'à la base des collines.

« Les canots dont on se sert sur la rive orientale sont insuffisants pour entreprendre en ligne droite la traversée du lac, que les plus vigoureux rameurs ne peuvent effectuer qu'en trois ou quatre jours; mais sur la rive occidentale de fortes embarcations entreprennent ce voyage pour venir trafiquer à Magoungo. Cette rive est occupée par le grand royaume de Malegga, au sud duquel est celui de Djori. Sur le bord oriental on trouve l'Ounyoro, l'Ouganda, l'Outouroubi et le Karagoué. Ce dernier État touche à 2° de latitude sud. Là le lac tourne, dit-on, vers l'ouest, sans qu'on sache où il finit[1].

1. Les notions de sir Baker sur le lac Albert ont été complétées et rectifiées

« Il monte parfois à 4 pieds au-dessus du niveau qu'il avait lorsque nous l'avons vu. Il occupe une dépression profonde et même très inférieure au niveau général du pays que nous avions traversé. Les affluents qu'il reçoit sont nombreux; plusieurs doivent être considérables, car avec un télescope j'apercevais deux cataractes qui tombaient des montagnes et appartenaient à des cours d'eau fort importants, puisque nous pouvions les distinguer à la distance de 60 kilomètres.

« Les crocodiles abondent et ont une telle voracité, que les femmes, quand elles vont puiser de l'eau, doivent éviter d'entrer dans le lac jusqu'aux genoux.

« La situation de Vacovia est par 1° 15′ de latitude nord.

« Pendant huit jours nous restâmes, souffrants de la fièvre, dans ce village, en attendant les canots, dont on ne retardait peut-être l'arrivée que pour nous extorquer le plus de verroteries possible. Enfin nous les vîmes arriver. C'étaient deux pauvres embarcations découvertes. Dans l'une d'elles je construisis un abri, une espèce de cabine qui pouvait nous garantir, tant bien que mal, du soleil ou de la pluie. Chaque barque était manœuvrée par quatre rameurs. Nous nous y embarquâmes par une belle matinée sur l'eau la plus calme du monde, en faisant route vers le nord avec une provision de poulets et de poisson séché.

« Le plus grand nombre de mes hommes, y compris Richarn et Saat, et les négresses avec Béchita, étaient dans le grand canot; ma femme et moi dans le petit, où j'avais arrangé la cabine. Au moment où nous prenions le large, le chef de Vacovia, qui m'avait demandé des verroteries, les jeta dans le lac, afin d'obtenir en notre faveur l'aide des divinités du lieu, qui empêcheraient les hippopotames de submerger nos embarcations [1].

depuis peu (voir l'introduction) : le périple de Mason-Bey a réduit la mer intérieure aux proportions d'un lac secondaire.

1. « Dès que les agrès du navire sont attachés, on remplit les coupes de vin

« Pendant le premier jour le voyage fut délicieux. Le lac était calme, le ciel couvert et le paysage charmant. Quelquefois on pouvait distinguer les montagnes sur la côte occidentale, et le lac semblait avoir une étendue infinie. Nous nous tenions à moins de 100 mètres du bord oriental et de temps à autre nous longions des bancs de sable ou des bouquets de buissons qui s'étendaient sur près de 1600 mètres de largeur entre l'eau et la base des collines; d'autres fois nous passions au-dessous d'énormes rochers qui s'élevaient à pic à 450 mètres au-dessus des eaux. Alors nous côtoyions le rivage et nous accélérions la navigation en poussant contre le roc avec des bambous. Toutes ces roches étaient de granit mêlé en plusieurs endroits de porphyre rouge. Dans les interstices croissaient de superbes arbustes de toutes nuances, entre autres des euphorbes gigantesques. Au-dessus des ravins chargés d'ombre se balançaient de gracieux dattiers sauvages dont les panaches ressemblent à des plumes légères; leur présence révélait toujours celle de quelques filets d'eau scintillant sous le roc et la verdure.

« De nombreux hippopotames se jouaient sur les bas-fonds, et tant sur le littoral que sur les bancs de sable ou sur la grève, entre les buissons poussant au-dessus des grandes crues, les crocodiles pullulaient, se chauffant au soleil. »

Le lac Albert est le résultat d'une grande dépression du sol au-dessous du niveau général du continent; il est environné de roches abruptes et barré au sud-est et à l'ouest par de grandes chaînes de montagnes s'élevant de 1520 à 2126 mètres au-dessus de son niveau. Ainsi c'est le grand réservoir où

on offre des libations aux dieux éternels, surtout à la fille de Jupiter, la déesse aux yeux d'azur. » (*Odyssée*, chant II). Sur l'Adriatique, le doge, placé à la poupe du *Bucentaure* avec la Seigneurie de Venise, ayant à sa droite le légat du pape, à sa gauche l'ambassadeur de France, jetait dans les flots un anneau d'or, ou alliance, tandis qu'un prêtre récitait des prières. — Voilà des cérémonies européennes qui, durant de longs siècles, ont ressemblé, sinon par la forme, au moins par l'idée, à celle qu'accomplit le chef de Vacovia en faveur de sir S. Baker.

toutes les eaux doivent s'écouler, et de ce vaste bassin entouré de rochers le Nil sort, géant dès sa naissance. C'est une disposition merveilleuse qu'a prise la nature pour la source d'un fleuve aussi important et aussi grand.

Le lac Victoria de Speke forme un réservoir élevé recevant les eaux de l'ouest[1], de l'est et du sud; le lac Albert est au nord-ouest du Victoria, il reçoit le déversoir de ce dernier et réunit ainsi les sources du Nil. L'Albert est le réservoir, tandis que le Victoria est la source. Tous les affluents de rive droite du Nil, depuis le premier tributaire abyssin, l'Atbara (latitude nord 17° 37'), jusqu'à l'équateur, présentent un écoulement uniforme du sud-est au nord-ouest; chaque ruisseau suit cette direction pour arriver au Nil. Le Somerset ou Nil Victoria a la même pente, car, après avoir pris une direction septentrionale depuis sa sortie du lac Victoria jusqu'à Karouma ou Karouma (latitude nord 2° 16'), il se détourne soudain vers l'ouest et rencontre le lac Albert à Magoungo. Ainsi, en supposant une ligne tirée de cette ville aux cataractes de Ripon sur le lac Victoria, on trouvera que la pente générale du pays est la même que celle qui est suivie par le Nil Bleu et par ses tributaires, c'est-à-dire du sud-est au nord-ouest.

« Notre navigation, continue sir S. Baker, se prolongea longtemps après la nuit tombée, et nous finîmes par atterrir non loin d'un village. Nous passâmes la nuit sur la côte; heureusement j'avais eu soin de faire déposer les avirons à bord des canots; car en nous réveillant, le lendemain matin, nous trouvâmes que tous les rameurs avaient disparu et que les habitants du village s'étaient esquivés. Je défendis que personne s'éloignât. Après avoir attendu une partie de la journée, comme le temps était précieux, je fis embarquer à

1. Pour tous ces détails géographiques, nous ne saurions trop recommander au lecteur l'étude de la carte.

trois heures; mais, nos gens ne sachant pas ramer, nous n'avançâmes guère, et ce fut avec peine que nous atteignîmes un promontoire au pied duquel se trouvait une petite grève. Nous y passâmes la nuit au milieu d'une pluie battante, tandis que je songeais au moyen de sortir de cette impasse.

« Quand la matinée fut venue, malgré la pluie qui tombait toujours, je fis à l'arrière de mon canot un trou dans lequel j'enfonçai un aviron, que j'attachai solidement avec des lanières taillées dans une des grandes peaux de bœuf qui nous servaient de couvertures et que l'eau avait suffisamment trempées; cela me fit un excellent gouvernail. Puis, coupant deux bambous, je m'en fabriquai un mât et une antenne où le suspendis en guise de voile une grande écharpe écossaise. Cependant mes gens, découragés par leurs malheureux efforts de la veille et résignés à leur destin, me regardaient faire, refusant de m'imiter et fumant apathiquement leurs pipes.

« Nous poussâmes au large et mon canot partit droit comme une flèche, tandis que l'autre tournoyait comme la veille. Après avoir doublé deux caps, nous découvrîmes un village, une petite baie remplie de canots, une grève bordée de nègres qui, agitant leurs avirons au-dessus de leurs têtes, nous offraient leurs services en qualité de rameurs. Nous nous dirigeâmes vers eux et ils envoyèrent six des leurs à l'aide de l'autre canot, qui nous joignit bientôt. Leur premier soin fut d'enlever du mien le mât et l'antenne, dont ils ne comprenaient pas l'usage.

« Comme nous naviguions de conserve, à 6 kilomètres peut-être du rivage un vent du sud-ouest se déclara tout à coup, les nuées s'amoncelèrent, le lac devint houleux, et tout annonça une rafale qui suivant moi devait nous atteindre une heure plus tard. Je fis donc ramer vigoureusement vers le rivage; mais l'apparence du lac se modifiait avec rapidité: l'eau était sombre, les vagues moutonnaient et notre canot commençait à en embarquer. A 2400 mètres de la côte nous ne pouvions plus le diriger, et si nous n'avions pas eu assez d'ustensiles pour le vider à mesure qu'il s'emplissait, nous aurions été submergés. Enfin à la suite de quelques coups de tonnerre la rafale se déchaîna, accourant de l'ouest-sud-ouest et nous poussant droit à la terre. Les vagues, devenues terribles, se brisaient contre ma cabine, qui se trouva ainsi former un dérivatif à leur invasion. Le vent était épouvantable; la pluie, tombant à torrent, ne laissait plus apercevoir que le sommet des rochers; heureusement nous courions vers une grève. Déjà nous touchions presque au rivage, lorsqu'une vague tombant sur nous engloutit le canot. Cependant il ne fut ni brisé, ni entraîné, et dès que nous eûmes pris pied, nous pûmes l'attirer en sûreté sur le sable.

« L'autre canot, que je pensais perdre, nous rejoignit au bout d'une heure d'anxiété.

« Les environs de notre atterrage, quand la tempête se fut calmée, nous semblèrent magnifiques. Ils étaient animés par une cascade de 300 mètres de haut que formait la Kaïghiri, rivière sortie de cet énorme marais que nous avions contourné, puis traversé en partie sur le chemin de M'routi à Vacovia.

« Notre navigation se continua par de courtes journées; car vers midi la rafale et le tonnerre, éclatant régulièrement, nous forçaient à nous retirer sur le rivage.

« Le dixième jour après notre départ de Vacovia, le lac n'avait plus qu'une largeur d'une cinquantaine de kilomètres; mais en se rétrécissant il gagnait en beauté. Le treizième jour il n'avait plus que 24 à 32 kilomètres de large et nous touchions au terme de notre trajet maritime.

« Un rivage factice était formé par un immense lit de roseaux ayant 90 centimètres de profondeur, mais sous lequel on ne trouvait pas le fond à 4 mètres. A travers ces roseaux, qui s'étendaient à perte de vue, s'ouvrait un large canal de 1800 mètres où s'étalait, dormante, cette eau du Somerset

LE LAC ALBERT PENDANT UN OURAGAN.

que nous avions vue si furibonde à Karouma. C'était à ne pas croire que ce fût la même.

« Nous étions à Magoungo, port d'arrivée pour les gros bateaux qui de Malegga, sur la côte occidentale, viennent dans le pays de Kamrasi. Nous trouvâmes une foule de naturels qui nous attendaient, en compagnie de leur chef et du guide Rébonga, qui nous avait conduits de M'rouli à Vacovia. L'endroit, ombragé par quelques arbres énormes, nous parut délicieux. A 1600 mètres de là, sur un terrain plus haut, s'élevait la ville elle-même.

« Pendant que Mme Baker se reposait à l'ombre, j'allai au bord de l'eau examiner les préparatifs que les naturels faisaient pour la pêche. Sur un espace d'une cinquantaine de mètres les bords de la zone de roseaux étaient disposés de façon que les gros poissons qui entreraient dans l'espace où l'eau était libre près du rivage ne pussent guère manquer

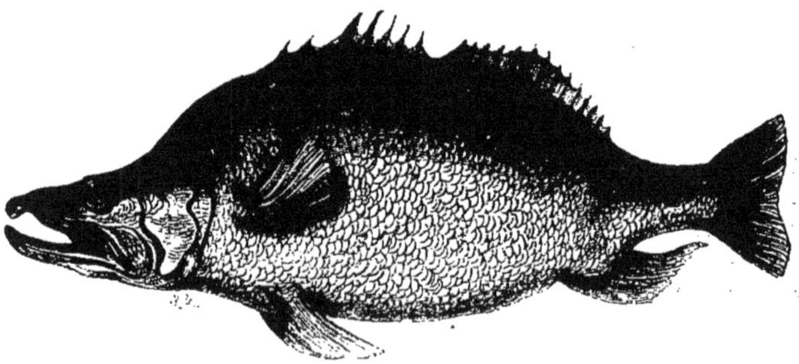

LE BAGGHÉRA

d'être pris. Par intervalles on avait placé des paniers d'environ 1m,80 de diamètre et de 0m,42 d'ouverture, d'où les poissons ne pouvaient plus sortir. Mes gens venaient de se procurer la moitié d'un poisson dont un crocodile avait avalé l'autre partie. C'était un *bagghéra*, un des meilleurs poissons du lac, dont les débris pesaient environ 15 kilos. Il a la forme d'une perche et extérieurement la couleur d'un saumon. Un autre que j'achetai avait à peu près l'apparence d'une anguille, mais il était ovipare et à la place où sont les pattes des sauriens il avait quatre tentacules. Plusieurs variétés des poissons qu'on pêche ici pèsent au delà de 60 kilos.

« A Magoungo nous nous trouvions à environ 88 mètres au-dessus du lac, sur le sommet de la dernière colline dominant la pente inclinée d'environ 10 kilomètres de long qui monte du lac au niveau d'un plateau dont l'altitude est d'environ 175 mètres au-dessus du lac. L'Albert-N'yanza se resserrait de plus en plus vers le nord, où, après avoir eu à peu près une largeur de 27 kilomètres, en face de Magoungo, il se perdait

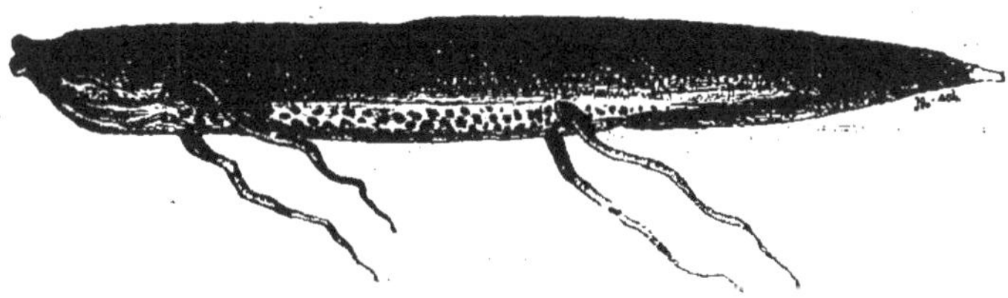

LEPIDOSIREN ANNECTEUS

sous une forêt de roseaux large d'environ 8 kilomètres et dont les teintes brillantes, se prolongeant à perte de vue, marquaient le cours du Nil à sa sortie du lac. Le fleuve, me dirent les indigènes, était navigable sur une très grande étendue; mais les canots de l'Ounyoro ne pouvaient pas s'y engager, parce que les rives en étaient occupées par des tribus hostiles et puissantes. Sa sortie était peut-être à 29 kilomètres de l'embouchure du Somerset, ce qui s'accordait pleinement avec les renseignements obtenus par Speke. Il était donc si important de s'assurer que cette eau dormante qui se rendait au lac était bien celle que nous avions comme lui vue à Karouma, que du consentement de Mme Baker je pris la résolution d'en remonter le cours jusqu'à cette cataracte.

CHAPITRE XI

Le Nil Somerset. — La cataracte Murchison. — Retour dans l'Ounyoro. — Le roi Kamrasi.

Malgré son épuisement, quoique la fièvre qui le rongeait lui fît trembler les genoux, sir S. Baker avec toute sa suite s'embarqua pour remonter ce Nil Somerset, aux eaux à présent si calmes et étendues sur un espace de 500 mètres. Il tenait à accomplir la promesse qu'il avait faite à Speke d'explorer à fond la partie douteuse du fleuve, que cet intrépide voyageur avait été obligé de négliger depuis les chutes de Karouma jusqu'au lac Albert, qu'il ne connaissait pas d'ailleurs.

Le fleuve se rétrécissait rapidement ; à 16 kilomètres au-dessus de son embouchure il n'avait plus que 250 mètres ; ses rives étaient resserrées entre deux chaînes de collines hautes de 18 mètres. Ses eaux étaient claires et profondes, mais n'avaient pas encore de cours. 19 kilomètres plus haut le fleuve n'avait plus en largeur que 180 mètres, et le courant, bien que faible encore, devenait visible. Enfin, au brusque tournant d'un angle, sir S. Baker se trouva en face d'une puissante cataracte dont le bruit retentissait au loin.

« De chaque côté du fleuve, dit-il, s'élevait une muraille d'environ 90 mètres, magnifiquement boisée d'arbres dont la verdure était de plus en plus intense et que dominaient de distance en distance les cimes des rochers. A travers une ouverture située immédiatement en face de nous, le fleuve, réduit à une largeur d'à peine 50 mètres, s'élançait avec force et tombait d'un seul bond, d'une élévation perpendiculaire de plus de 35 mètres, dans un abîme de rocs noirs d'origine volcanique. La blancheur éblouissante de l'écume formait avec ce cadre un magnifique contraste. Les palmiers des tropiques et les bananiers sauvages ornaient le paysage. C'est la cataracte la plus imposante que l'on ait rencontrée sur le Nil, et en l'honneur de l'illustre président de la Société anglaise de Géographie je lui donnai le nom de Murchison.

« A la gauche de l'endroit où s'arrêtèrent les bateliers était un banc de sable absolument couvert de crocodiles étendus les uns près des autres en lignes parallèles, comme des troncs d'arbres prêts à être embarqués. J'en tuai un énorme. A ce bruit nos poltrons de rameurs, tombant au fond du canot, le laissèrent dériver, et nous fûmes portés par le courant vers un lit de roseaux où un hippopotame en souleva la quille. Dix-huit têtes de crocodiles sortirent à la fois de ce banc. Quel bon déjeuner pour eux si nous eussions chaviré ! »

C'est là qu'après s'être fait conduire sur la rive sir S. Baker prit congé de la navigation du lac et de celle du fleuve de l'Afrique centrale.

Sir S. Baker et sa femme, exténués par la fièvre, durent se traîner péniblement le long du fleuve. On les transporta dans l'île de Patouan. Cette île, qui peut avoir 800 mètres de long sur 150 de large, était au pouvoir de Rionga et d'un chef plus puissant encore, Fohouka, son allié, tous deux ennemis mortels de Kamrasi.

Ici le fleuve a près de 200 mètres de large ; son courant est de 6 kilomètres à l'heure et il descend par une suite continuelle de cataractes.

Le sommet de la chute Murchison est à 100 mètres plus bas que Patouan. L'île est inférieure de 240 mètres à Karouma, qui se trouve ainsi à 340 mètres au-dessus du niveau du lac Albert, tandis que de Mrouli à Karouma, durant une trentaine de kilomètres, le fleuve ne descend que de 6 mètres.

Privé de bœufs par la tsétsé[1], de ses rameurs et de ses portefaix par la désertion, sir S. Baker se trouvait en quelque sorte prisonnier dans Patouan. Il se hâta donc de se transporter avec ses gens et ses bagages sur la rive gauche que désolait la guerre éclatée entre Rionga et Kamrasi, et fut contraint de s'établir dans un village pris et pillé par l'ennemi et dont la moitié était réduite en cendres. Cette localité se nommait Choua-Moura.

Notre voyageur y passa deux mois, exposé aux cruelles tortures de la fièvre et de la faim et à des outrages de toutes sortes. Kamrasi ne se trouvait qu'à 50 kilomètres de là; il connaissait parfaitement dans quelle situation se trouvait sir S. Baker et tirait parti de son dénûment, dans l'espoir de le forcer à s'allier avec lui contre Rionga et Fohouka.

Enfin se présenta Rébonga, l'interprète déserteur. Il amenait de la part de Kamrasi un bœuf maigre, et dit qu'il avait l'ordre du roi de lui conduire la caravane et que le départ était fixé au lendemain matin.

Après cinq jours d'une pénible marche parallèle au fleuve, dont on ne cessa d'entendre les cataractes, sir S. Baker arriva au village de Kisouna et eut la joie d'entendre une salve qui répondait à celle de ses gens. Cette salve était tirée par les dix Arabes laissés par Ibrahim à Kamrasi sous les ordres d'un nommé Eddriss.

On leur avait dit que Mme Baker n'était plus et que la mort de son mari avait eu lieu à peu de jours d'intervalle. De cette rencontre inespérée résultèrent des embrassades à profusion;

1. Espèce de mouche venimeuse, qui cause de cruels ravages parmi les bêtes de somme et qui est commune dans presque toutes les régions fluviales de l'Afrique.

GRANDE CHUTE DU NIL SOMERSET DITE DE MURCHISON.

selon la mode arabe, tous vinrent baiser la main de sir S. Baker et de sa femme, en s'écriant :

« Par Dieu ! Il n'y a pas une femme au monde d'une vie assez solide pour endurer ce qu'elle a eu souffrir ! Dieu merci ! soyez reconnaissants envers Dieu ! »

Ainsi parlaient ces brigands basanés, qui étaient sincèrement charmés de revoir les voyageurs ; sir S. Baker ne pouvait s'empêcher de comparer leur manière d'agir actuelle avec leur conduite antérieure quand, quatorze mois auparavant, ils avaient voulu le chasser de Gondokoro, puis lui faire un mauvais parti sur la route du Latouka.

« A peine, dit sir S. Baker, étions-nous assis dans la misérable hutte préparée pour nous, que mon lieutenant m'annonça la visite de Kamrasi, et presque immédiatement je vis paraître le personnage que jusqu'alors j'avais pris pour le roi de l'Ounyoro. Mais, mettant de côté sa dignité affectée d'autrefois, il m'aborda en riant aux éclats, comme si notre chétive apparence l'eût grandement réjoui.

« Eh bien ! s'écria-t-il, vous avez donc vu le M'voutan N'zighé ! Vous n'en avez pas l'air mieux portant. Vraiment, je ne vous aurais pas reconnu ! ah ! ah ! ah ! »

« Je n'étais pas d'humeur à endurer ces sottes plaisanteries. Je dis donc au roi qu'il s'était conduit de la manière la plus abominable et la plus lâche, et que je ferais connaître à toutes les autres tribus ce que je pensais de lui : j'aurais soin de dire que je le regardais comme au-dessous du plus petit chef que j'eusse jamais vu.

« — N'importe, répliqua-t-il, c'est une affaire faite ; en vérité, vous avez terriblement maigri tous deux. C'est votre faute, aussi. Pourquoi n'avez-vous pas voulu consentir à attaquer Fohouka ? Si vous vous étiez bien conduits, vous auriez eu des vaches grasses, du beurre et du lait. Mes hommes seront prêts pour attaquer Fohouka demain ; les Turcs ont 10 hommes, vous en avez 13 ; 10 et 13 font 23.

Si vous ne pouvez pas marcher, on vous portera : Fohouka n'aura pas de chance. Il faut le tuer. Tuez-le, et mon *frère* vous donnera la moitié de son royaume. Vous aurez des provisions demain. J'irai trouver mon *frère*, qui est le grand m'kamma Kamrasi, et il vous donnera tout ce dont vous avez besoin. Je suis petit, il est grand ; je n'ai rien, il a tout, et il meurt d'envie de vous voir. Il faut que vous alliez le trouver sur-le-champ, il demeure tout près d'ici. »

« J'écoutais mon interlocuteur avec stupéfaction ; était-il ivre ou de sang-froid ?

— Que me contez-vous donc, m'écriai-je, avec votre frère, le grand m'kamma Kamrasi ? Si vous n'êtes pas Kamrasi lui-même, qui êtes-vous donc ?

— Qui je suis ? répliqua-t-il, ha, ha, ha ! excellente plaisanterie ! Qui je suis ? Eh quoi ! je suis M'gambi, le frère de Kamrasi, — le frère cadet ; mais lui, il est le roi ! »

« Ainsi, depuis plus de trois mois j'étais le jouet de ces diplomates sauvages ! Je n'avais jamais vu le véritable roi, que sa couardise avait tenu caché à mes regards, et le complice de cette ignoble comédie m'avouait le tout sans vergogne et avec le plus impudent sang-froid !

« Je traitai M'gambi comme il le méritait, c'est-à-dire avec un souverain mépris. Je refusai complètement, d'abord de faire un pas pour voir Kamrasi. Je ne voulais pas m'exposer à être dupe encore une fois. Enfin, après trois jours de négociations appuyées, de la part de Son Altesse M'gambi, par des envois réitérés de fruits, de céréales, de bière du pays, de volailles et surtout de veaux gras, je me laissai transporter près du roi. Revêtu d'un costume de montagnard écossais d'Athol qui excita l'admiration de la foule, je m'assis comme le monarque sur un tabouret que j'avais fait apporter, tandis que M'gambi prenait place à terre et que les courtisans n'approchaient de leur souverain, sorte de statue de bronze au regard sinistre, qu'en rampant et en touchant la terre de leur front. Il me fatigua de ses demandes et je finis par dire qu'il se conduisait, non pas en roi, mais en mendiant; ce qui termina notre entrevue. »

Sir S. Baker se fit construire une cabane confortable entourée d'une cour palissadée. Il y reprit peu à peu ses forces.

« Kamrasi, dit sir S. Baker, se décida enfin à me rendre ma visite; il m'apprit dans cette occasion que ses ancêtres avaient régné sur le Kitouara tout entier, c'est-à-dire sur la région que bornent à l'est le lac Victoria, à l'ouest le lac Albert, au nord le cours du Nil, entre les deux lacs. Là se trouvent, du côté du Victoria, l'Ouganda, et du côté de l'Albert, en allant du nord au sud, le Chopi, l'Ounyoro et l'Outoumbi. C'est du vivant de Cherrybambi, grand-père de Kamrasi, que l'Outoumbi, après s'être rendu indépendant, a conquis l'Ouganda, où règne aujourd'hui M'tésa. Quant au Chopi, c'est la région baignée par le Somerset et dont Rionga et Fohouka cherchent maintenant à s'emparer.

« J'eus encore à refuser à Kamrasi la plupart de ses importunes demandes, et notamment de l'aider à combattre ses ennemis, qu'il voulait tous exterminer jusqu'au dernier. Il s'en alla fort irrité et depuis lors cessa de m'envoyer des provisions. »

Un soir, sir S. Baker fut soudainement troublé par un affreux charivari. Des centaines de *nogaras* (tambours indigènes) battaient, les troupes mugissaient et les nègres vociféraient de toutes parts. Sautant de son lit, il saisit sa carabine et courut dans le village, qu'il trouva plein de gens armés en guerre, le menton garni de queues de bœufs, dansant, s'abritant de leurs boucliers et menaçant de leurs zagaies un ennemi imaginaire. Il apprit que l'armée de Fohouka, grossie de 150 hommes de la bande de Débono, avait traversé le Nil à trois heures de marche de Kisouna avec l'intention formelle d'attaquer et de tuer Kamrasi. M'gambi vint confirmer cette nouvelle, disant qu'il allait conseiller à son frère de prendre immédiatement la fuite. Sir S. Baker parvint, non sans peine, à démontrer d'abord l'inutilité de cette démarche, ensuite qu'il pouvait rendre des services réels à Kamrasi, si celui-ci voulait venir le trouver dès le matin.

« Le soleil était à peine levé, dit sir S. Baker, que le roi, sans le moindre cérémonial, se précipita dans ma hutte. Ce n'était plus le roi de théâtre que j'avais vu trôner dans les plis d'un magnifique manteau de pelleteries fines; il ne portait autour des reins qu'un court jupon de laine bleue, don du capitaine Speke, et une petite écharpe sur ses épaules. Fort diverti du tremblement qui l'agitait et du changement curieux de son costume, je le complimentai de la coupe pratique de ses vêtements, bien mieux adaptés *au combat* que le long et gênant manteau royal.

— *Le combat!* s'écria-t-il avec une horreur profonde; je ne vais pas combattre! Je me suis vêtu légèrement pour mieux courir. Je ne pense qu'à fuir! Qui peut songer à combattre contre des fusils? L'ennemi en a 150! Fuyez avec moi; nous ne pouvons rien contre eux. Vous n'avez que 13 hommes avec vous; Eddriss n'en a que 10; que peuvent 23 contre 150? Faites vos paquets et fuyez; nous trouverons un asile dans les hautes herbes des marécages; l'ennemi peut paraître à chaque instant. »

« Je n'avais jamais vu un homme tombé aussi bas dans l'abjection de la peur. Je ne pus m'empêcher de rire au nez de ce misérable lâche, représentant d'un royaume et chef d'une nombreuse population. Cependant je fis hisser le pavillon anglais au sommet d'un mât dressé dans l'enceinte de mon campement, et après l'avoir contemplé, non sans émotion, car il y a quelque chose qui réchauffe le cœur dans la vue de l'emblème de la patrie, même lorsqu'il flotte à des milliers de lieues de la terre natale, je me tournai vers Kamrasi et lui expliquai que désormais sa personne et ses États étaient sous la protection de ce drapeau qui représentait l'Angleterre. J'ajoutai qu'aussi longtemps qu'il se fierait à ma parole, bien que j'eusse refusé de me joindre à lui pour attaquer Fohouka, il trouverait en moi un fidèle allié, prêt à le défendre contre toute attaque. Je terminai en lui demandant des provisions pour mon compte et des guides sûrs pour accompagner un message que j'allais faire porter au *vakil* ou lieutenant de Débono.

« Dans l'après-midi du jour suivant je vis arriver mes messagers m'amenant une dizaine d'hommes de Débono sous les ordres d'un *chouch* ou sergent. Ceux-ci venaient s'assurer que j'étais bien réellement dans le pays, contrairement aux bruits, qui avaient couru depuis plusieurs mois parmi eux, que ma femme et moi nous avions péri sur les bords du grand lac. »

D'un ton ferme sir S. Baker dit aux messagers que l'Ounyoro lui appartenait par droit de découverte et qu'il ne comprenait pas comment on avait l'audace d'attaquer une contrée placée sous la protection du pavillon anglais; qu'il repousserait par la force toute attaque dirigée contre Kamrasi, mais qu'à son retour à Khartoum il adresserait un rapport aux autorités turques, et que si un seul natif de l'Ounyoro avait été tué, blessé ou emmené en esclavage, Ouat-el-Mek, leur chef, serait pendu sans rémission.

Ces paroles énergiques en imposèrent aux messagers, qui ne surent que balbutier de timides excuses. Pour conclusion, sir S. Baker remit à l'orateur de la bande une lettre pour Ouat-el-Mek dans laquelle il accordait à ce dernier douze heures pour évacuer le sol de l'Ounyoro avec tous ses gens et tous ses alliés. Après quoi il fit tuer un mouton pour le souper des messagers.

Ces gens conduisaient avec eux deux ânes; le lendemain matin, au moment de leur départ, une foule de natifs envahit l'endroit où ces animaux avaient passé la nuit pour y recueillir soigneusement les vestiges flagrants de leur séjour. La possession de ces précieuses reliques amena un conflit entre les nombreux prétendants : une véritable lutte accompagnée de vociférations et de clameurs. A ce concert les ânes, qui déjà s'éloignaient, crurent devoir prendre part et lancèrent dans les airs des notes si puissantes et si opportunes, que la multitude, alarmée par la tonalité sauvage de ces voix inconnues, se dispersa plus rapidement qu'elle n'était venue. Le crottin de l'âne appliqué sur la peau humaine est regardé dans tout l'Ounyoro comme un remède infaillible contre les douleurs rhumatismales, et ce rare spécifique y forme un objet d'importation fort recherché. On le tire d'une contrée lointaine de l'est où l'espèce asine vit et prospère.

Les envoyés de sir S Baker revinrent, apportant la nouvelle que non seulement Ouat-el-Mek s'était retiré, mais que, irrité de l'échec de cette expédition, il s'était disputé avec Fohouka, auquel il avait enlevé tous ses bestiaux et un grand nombre d'esclaves.

« Ainsi débarrassé de ses ennemis, dit sir S. Baker, Kamrasi semblait pétrifié d'étonnement. Il me fit visite sur-le-champ, et en entrant dans la cour s'arrêta pour contempler, comme si c'eût été un talisman, le drapeau qui flottait au-dessus de sa tête. Il me demanda pourquoi les Turcs étaient effrayés de ce qui ne semblait qu'une bagatelle. Je lui expliquai que ce drapeau était bien connu et pouvait se voir dans toutes les parties du monde; partout où il flottait, il était respecté ainsi qu'il venait de le remarquer, même aussi loin de son pays et aussi peu fourni de moyens de défense que dans l'Ounyoro. Saisissant l'occasion, il me le demanda.

« Que ferai-je, dit-il, quand vous aurez quitté mon pays et emporté ce drapeau avec vous? Les Turcs reviendront, à n'en pas douter. Donnez-moi ce pavillon et ils craindront de m'attaquer. »

Je fus obligé de lui expliquer que le respect imposé par le drapeau anglais provenait uniquement de ce que ceux qui le portaient ne fuyaient pas à l'approche du danger, comme il s'était proposé de le faire. On ne pouvait pas le confier à un étranger. Persistant dans ses habitudes de mendiant, il répondit alors :

« Si vous ne pouvez pas me donner le drapeau, donnez-moi au moins cette petite carabine à deux coups dont vous n'avez pas besoin, puisque vous allez retourner chez vous. Alors, si les Turcs m'attaquent, je pourrai me défendre. »

« J'étais dégoûté au plus haut point. Il venait d'être sauvé grâce à mon intervention, et au lieu de me remercier il me demandait obstinément ce que je lui avais déjà vingt fois refusé. Je lui dis de ne jamais me reparler de la carabine, car je ne m'en dessaisirais sous aucun prétexte. »

Quelques jours plus tard, Eddriss et ses 10 Arabes contribuèrent efficacement à une expédition où Kamrasi ruina la puissance de Fohouka et enleva les filles de Rionga avec un millier d'autres esclaves.

Et cependant le roi était un misérable, aussi lâche que cruel.

« En effet, dit sir S. Baker, peu après cette expédition j'apprenais par M'gambi que M'tésa, roi de l'Ougandá, à la tête de ses M'houas, venait de passer le Kafour, de détruire M'rouli, et marchait sur Kisouna. Suivant Béchîta, la cause de cette incursion était que M'tésa, persuadé que Kamrasi nous retenait de force pour nous empêcher de lui porter nos cadeaux, voulait nous délivrer et nous amener à sa résidence. Il me fut impossible de persuader à Kamrasi de se défendre. Le poltron mit le feu à son camp et s'enfuit sans daigner me regarder, prétendant que je restasse à l'arrière-garde pour protéger sa retraite. Il me laissait même sans portefaix. Je déclarai donc à M'gambi que s'il ne m'en fournissait pas, loin de tirer sur les M'houas, je m'allierais avec eux, et M'gambi plein d'effroi m'en procura le soir même. »

Le lendemain sir S. Baker quitta son camp de Kisouna,

lui dans une chaise, sa femme dans une litière. On s'arrêta à Déang pour y passer la nuit.

« Je fus réveillé, dit sir S. Baker, par la voix de mes gens, qui se tenaient à la porte de ma cabane, l'air profondément abattu. Ils me racontèrent que Richarn avait disparu et qu'on le croyait massacré par les nègres. Mon lieutenant tenait à la main une baguette de fusil brisée et couverte de sang, ce qui semblait confirmer les soupçons. Il paraît que pendant mon sommeil Richarn et un de mes compagnons, nommé Mohammed, avaient pris leurs fusils et parcouru le pays sans mes ordres, afin de tâcher de trouver un village où ils pussent se procurer des gens pour nous conduire à Fohouira.

» J'étais fort désolé pour ma part : mon fidèle Richarn avait succombé, et la carabine Pudey à deux coups qu'il portait était perdue avec lui. Cette arme appartenait à mon ami Oswell, célèbre pour ses exploits dans le sud de l'Afrique et sur le lac N'gami[1]; il s'en était servi pendant cinq ans pour chasser le gros gibier de l'Afrique, et avec tant de persévérance que le bois de la crosse portait la trace des terribles épines à travers lesquelles il s'était si souvent frayé un passage à fond de train. Il m'avait généreusement prêté ce vieux compagnon de ses exploits et je l'avais à mon tour confié à Richarn, comme au plus soigneux de tous mes compagnons. Homme et carabine étaient maintenant perdus.

« Je poursuivis en vain mes recherches pendant deux jours. Mes gens virent plusieurs chiens ayant le museau et les pieds souillés de sang; nous conclûmes donc que le cadavre de Richarn avait était été traîné dans les fourrés par les nègres et que les chiens l'avaient découvert et dévoré.

« Décidément nous étions abandonnés par Kamrasi et désertés par tous nos porteurs. Une nuit nous entendîmes les nogaras des ennemis, et ma femme, malgré sa faiblesse,

1. M. Oswell est sans doute celui qui accompagnait D. Livingstone dans l'expédition où fut découvert, le 1er août 1849, le lac N'gami.

voulut laisser là les bagages et essayer de gagner Fohouira. »

On y arriva au moment où madame Baker s'évanouissait, écrasée de fatigue. Les Arabes d'Eddriss s'y trouvaient et nos voyageurs purent enfin quitter leurs vêtements trempés de pluie.

« Le lendemain, dit sir S. Baker, nous goûtions le repos et la fraîcheur du soir sur une pelouse voisine du village, lorsqu'un de mes hommes arriva en courant et criant : « Richarn! Richarn est de retour! » Un instant après j'eus l'extrême joie de voir ce moricaud de Richarn, dont j'avais déploré la perte prématurée, venir tranquillement vers nous.

« L'entrevue fut vraiment pathétique. Je lui donnai une poignée de main et lui adressai quelques chaleureux mots de bienvenue; mon vakil, qui ne s'était jamais soucié de lui auparavant, se jeta à son cou et se mit à pleurer comme un enfant. Je ne sais combien de temps les sanglots auraient duré, car l'épidémie gagna plusieurs Arabes qui commencèrent à pleurnicher aussi, tandis que Richarn, embrassé de tous les côtés, se soumettait à l'épreuve avec le plus franc stoïcisme, ayant en même temps l'air fort étonné et ne sachant pas quelle était la cause de tant de larmes.

« Afin de mettre un terme à cette explosion de sensibilité, je fis chercher par Saat une calebasse pleine de merissa, dont Calloé m'avait envoyé une bonne provision. Elle arriva bientôt et fut très appréciée par Richarn, qui se mit à boire comme une baleine.

« La calebasse était de telle taille que, même après les copieuses libations de Richarn, il resta assez de bière pour que chacun pût la déguster. Rafraîchi par sa boisson bien-aimée, Richarn put nous conter son histoire. Il avait quitté Mohammed au milieu d'un village et avait été entouré d'un grand nombre de nègres, parmi lesquels étaient les portefaix qui nous avaient abandonnés. Il essaya de leur persuader de revenir; une querelle s'ensuivit, et le chef du village, s'approchant de Richarn à la tête de ses hommes, avait saisi son fusil; Richarn tira son couteau; ce que voyant, le chef lâcha prise, puis, reculant de quelques pas, se prépara à le frapper de sa lance; Richarn le prévint par un coup de feu qui le tua raide. Les naturels, terrifiés par l'effet soudain du coup, se dispersèrent, et Richarn, profitant de l'occasion, disparut dans les fourrés et prit la fuite.

« Une fois plongé dans cette mer d'herbages qui semblait impénétrable, il avait erré pendant deux jours sans boire une goutte d'eau. Entendant le bruit lointain du Nil, il s'était dirigé vers le fleuve et l'avait atteint lorsqu'il était presque épuisé de soif et de fatigue. Il avait ensuite côtoyé le fleuve jusqu'à Kérouma, en évitant les M'houas; de là, connaissant la route que nous avions déjà suivie pour nous rendre à M'rouli, il était arrivé à Fohouira.

« La baguette de son fusil avait été brisée pendant sa lutte avec le chef du village. Il fut bien étonné de voir entre mes mains le morceau qui avait été ramassé dans la mare de sang; mais il s'était procuré un excellent substitut en taillant avec son couteau de chasse une tige d'un bois très dur, et avait rechargé son fusil. Bien pourvu de munitions, il ne craignait guère les nègres. »

Le 20 septembre Ibrahim entrait à Fohouira, apportant à nos voyageurs du miel, du riz, du café, le courrier d'Angleterre, des pièces de calicot peint et de drap. Émerveillé du succès de leur voyage, il n'en était que plus choqué de la misère où il les trouvait. Il fut enchanté de la quantité d'ivoire récoltée pour lui. Sir S. Baker lui avait procuré une fortune et ses engagements étaient plus que remplis.

Cet abominable Kamrasi profita de la force que lui donnait la présence des Turcs, devenus à cause de sa richesse en ivoire ses auxiliaires aussi dévoués que peu scrupuleux, pour faire exécuter ses vengeances.

Un vaste système d'espionnage, répandu partout et contre tous et appuyé par un corps de 500 hommes auxquels tout était permis sans aucune restriction, pourvu qu'ils exécutassent ses ordres quels qu'ils fussent, telles étaient la science pratique et la base du gouvernement de ce despote africain. Sa tyrannie était du reste favorisée par la timidité de la population, qu'ont dégradée des siècles d'oppression, et par la division de l'Ounyoro en tout petits districts dont chacun est gouverné par un chef responsable des actes commis sous sa juridiction.

« Sans sa lâcheté, dit sir S. Baker, ce despote africain aurait pu aisément, appuyé par Ibrahim, restaurer l'antique grandeur du royaume de Kitouara ; mais jamais Kamrasi le féroce ne sera Kamrasi le conquérant. »

Enfin le moment de quitter ce royaume barbare était arrivé. Les préparatifs de sir S. Baker étaient terminés. Kamrasi avait fourni à Ibrahim 700 porteurs, tant était grande la quantité d'ivoire amassée par le lieutenant de Kourchid.

La veille du départ, le roi de l'Ounyoro, auquel Ibrahim laissait 30 de ses hommes pour le protéger, vint faire ses adieux à sir S. Baker. Il n'eut pas honte de lui demander encore sa petite carabine, sa boussole et sa montre, qui, assurait-il, « lui avaient été promises ».

« Je n'avais cessé de la lui refuser, dit sir S. Baker, et certes le moment n'était pas venu de céder à des importunités dont j'allais enfin être délivré et qui sont la ruine des voyageurs en Afrique. »

CHAPITRE XII

Voyage de retour. — Le Lira. — Le Nil Blanc, du lac Albert à Gondokoro.

La journée du 16 novembre 1864 fut employée à faire passer la caravane au-dessus des chutes de Kérouma. Le 17 au point du jour on se mit en marche ; le voyage de retour vers l'Angleterre était décidément commencé.

Après être sortie de la forêt baignée par le Nil Somerset, la caravane aborda les vastes prairies, qui se desséchaient peu à peu à mesure que l'on avançait vers le nord, les pluies, presque quotidiennes dans l'Ounyoro, devenant de plus en plus rares en approchant du sud. Du sommet des collines ou même des fourmilières on voyait se profiler à l'horizon, à la distance d'une centaine de kilomètres, les montagnes qui, à partir du lac Albert, bordent la vallée de la rive gauche du Nil.

Après cinq jours de marche sir S. Baker rentrait à Choua et reprenait possession de son ancien camp, établi dans une cour spacieuse bien macadamisée d'argile et de fiente de vache et entourée de solides palissades. Le même soir les négresses vinrent en foule féliciter Mme Baker de son retour et danser pour célébrer cet évènement. Pour rendre la fête plus complète sir S. Baker fit abattre une vache que les danseuses se partagèrent.

Nos voyageurs eurent occasion de faire connaissance avec les indigènes du Lira, district découvert par les Turcs à une cinquantaine de kilomètres du campement de Choua. Ces naturels appartiennent au même type que les Madis qui habitent le Choua, mais se coiffent d'une autre façon. Ils troussent leurs cheveux de manière à en former un feutre épais retombant sur les épaules jusqu'à l'omoplate. On dirait qu'ils portent perruque.

Lorsque l'un d'eux meurt, sa chevelure se distribue immédiatement entre ses amis, qui l'ajoutent à leur propre coiffure. Quand ils sont en grand costume (tout à fait nus, les hommes du moins), cette masse de cheveux est enduite d'une épaisse couche d'argile bleuâtre de manière à présenter une surface unie; celle-ci est ensuite travaillée le plus minutieusement possible avec la pointe d'une épine pour la faire ressembler à la surface d'une lime. On revêt le tout de terre de pipe arrangée en dessins réguliers; enfin on fixe dans l'extrémité une sorte d'ornement fait des cartilages d'antilope ou de girafe et s'élevant presque à la hauteur de 30 centimètres. Ce cartilage, une fois desséché, devient aussi dur que de la corne; on met au bout un morceau de fourrure, et le bouquet de poils qui termine la queue du léopard est surtout apprécié pour cet usage.

« Je ne sache pas, dit sir S. Baker, que le lord chancelier d'Angleterre, ni aucun des membres du barreau anglais aient jamais pénétré dans le cœur de l'Afrique; il est donc difficile d'expliquer l'origine et la coupe des perruques de ces nègres; mais je puis assurer qu'un avocat anglais passé au cirage et portant pour tout vêtement sa perruque officielle donnerait une idée parfaite d'un membre de la tribu de Lira[1]. »

Le pays, primitivement très fertile, avait été ruiné par les guerres que Mohammed-Ouat-el-Mek, lieutenant de Débono, et Ibrahim, lieutenant de Kourchid, ne cessaient d'y allumer et d'y alimenter. Leurs intrigues avaient été déjouées par des

1. En Angleterre, les juges et les avocats ont conservé l'habitude de porter dans l'exercice de leurs fonctions d'immenses perruques blanches qui leur tomben jusqu'au milieu du dos.

coutumes fort contraires à celles de l'Ounyoro ; car ici, outre que les chefs ont fort peu de pouvoir sur leurs tribus, celles-ci se subdivisent entre tous les fils d'un chef qui vient à mourir. Cet éparpillement du pouvoir et de la population est la cause irrémédiable de leurs dissensions et de leur faiblesse; aussi Ibrahim n'hésita-t-il pas à essayer de se procurer par la violence les vaches dont il avait besoin pour solder les services de 1000 porteurs nécessaires au transport de sa riche cargaison à Gondokoro. Or il ne fallait pas moins de quatre vaches par homme pour ce trajet.

Ces razzias poussèrent à bout un brave chef du Faloro nommé Houerdella, qui, après avoir fait retirer ses bestiaux dans les montagnes, déclara ouvertement la guerre aux Turcs.

Cet insultant défi aboutit à une association des compagnies rivales contre Houerdella; les gens d'Ibrahim et ceux de Mohammed convinrent d'attaquer ensemble son village. Ils partirent au nombre d'environ 300 hommes armés. En arrivant au pied de la montagne, vers quatre heures du matin, ils partagèrent leurs forces en deux divisions de 150 soldats chacune; puis ils gravirent la hauteur, comptant surprendre le village d'un côté, tandis que de l'autre les nègres et leurs troupeaux seraient interceptés dans leur fuite.

Le chef Houerdella était fort au courant de la stratégie des Turcs, ayant pendant deux ou trois ans pris part avec eux à plusieurs razzias contre les tribus des environs. Il avait appris à faire le coup de feu à l'époque où il était leur allié, et ayant reçu en cadeau d'Ambaïlé, le neveu de Débono, deux fusils et deux paires de pistolets, il avait eu soin, avant de se révolter, de se procurer des munitions. Ses gens avaient volé dans le camp de Mohammed une boîte de 500 cartouches et un paquet de 10000 capsules fulminantes. Ce Houerdella était un gaillard de ressources; ainsi pourvu de poudre et de balles, connaissant à fond le caractère turc, il avait résolu de tenter le sort des combats.

Les 150 hommes du détachement turc étaient à peine à mi-côte, croyant surprendre les nègres, qu'ils se virent assaillis par une pluie de traits, et le porte-drapeau tomba mort d'un coup de carabine tiré de derrière un rocher. Abasourdis par cette attaque inattendue, les Turs reculèrent, abandonnant leur drapeau près du cadavre. Ils n'avaient pas eu le temps de revenir de leur panique, quand un second coup, parti du même endroit à une distance d'environ trente pas, enleva le sommet du crâne d'un des assaillants; ses compagnons furent couverts de sa cervelle. Trois Arabes Bagâras, chasseurs d'éléphants de première force qui se trouvaient avec les Turcs, se précipitèrent en avant et sauvèrent le drapeau, ainsi qu'une cartouchière que le porteur avait abandonnée dans sa fuite.

Bien plus courageux que leurs alliés, ces Arabes essayèrent de rallier les Turcs épouvantés; mais au moment où ceux-ci s'avançaient irrésolus et découragés, un troisième coup retentit de derrière le même rocher fatal, et un homme qui portait une boîte de cartouches tomba mort.

La partie était beaucoup trop chaude pour les trafiquants, qui d'ordinaire n'avaient le dessus que parce que leurs ennemis étaient dépourvus d'armes à feu. Ce fut un sauve-qui-peut général; mais ici encore Houerdella les prévint. Arrivés au bas de la colline, les fuyards la tournèrent pour se joindre à l'autre moitié de leur détachement; cela fait, ils étaient en train de se consulter entre eux pour savoir s'ils devaient avancer ou battre en retraite, lorsqu'un nouveau coup de feu partit du haut d'un rocher qui les dominait de fort près et il en coûta la vie à un autre soldat : une balle lui avait traversé la poitrine.

Les Turcs pouvaient voir distinctement le chef qui les menaçait d'un air de triomphe. La troupe tout entière fit feu sur lui : « Il est tombé! » s'écrièrent-ils en voyant disparaître la tête du nègre. Mais non, une nouvelle détonation retentit.

Un Turc poussa un cri, puis tomba mortellement blessé.

Évidemment Houerdella n'avait pas été frappé. Ainsi, quatre hommes tués et un cinquième destiné à mourir deux ou trois jours après, tel était le résultat de l'expédition. Un seul nègre n'ayant que deux fusils avait repoussé l'attaque de ses ennemis et tué cinq hommes.

Cette honteuse défaite eut pour effet d'abattre complètement la jactance des Turcs; Ibrahim ne put jamais les déterminer à tenter une autre razzia sur le district du terrible chef.

Pour se distraire de ses loisirs forcés, sir S. Baker refaisait et corrigeait ses cartes, parcourait et étudiait le pays, empêchait les violences autant que cela lui était possible, et pour se distraire aidait sa femme à élever de pauvres négresses privées de leurs parents. Il chassait parfois, mais dans cette région les girafes et les antilopes sont rares. Les indigènes du Lira lui apportèrent une corne superbe provenant d'un rhinocéros unicorne.

« Cependant, dit sir S. Baker, dans les parties de l'Afrique que j'ai visitées je n'ai jamais rencontré qu'une variété de rhinocéros; c'est celle à deux cornes, dont j'ai fait un croquis très exact d'après la tête d'un animal tué par moi.

« Ces rhinocéros noirs à deux cornes sont très méchants; j'ai remarqué qu'ils se précipitent toujours sur un ennemi qu'ils sentent, mais qu'ils ne voient pas. Ils se retirent ordinairement s'ils aperçoivent un objet suspect avant de l'avoir flairé. »

Un jour sir S. Baker dessina en buste le portrait du chef du Lira, en grand costume. Il portait sur sa perruque de feutre un ornement singulier fait de cauris (coquillage servant de monnaie), qui lui donnait le plus comiquement possible un faux air de juge anglais.

Cependant peu à peu Ibrahim rassemblait le millier d'hommes dont il avait besoin, afin de pouvoir transporter ses 16000 kilos d'ivoire, qui constituaient pour Kourchid-Aga la valeur de 241 000 francs. Déjà beaucoup de ces portefaix avaient d'avance reçu leur payement de quatre vaches. Malheureusement ils portaient pour la plupart des cordes autour du cou et des reins, c'est-à-dire qu'il avaient pris le deuil de leurs bestiaux enlevés ou de leurs parents tués durant la razzia des *négociants*. Aussi la veille même du départ

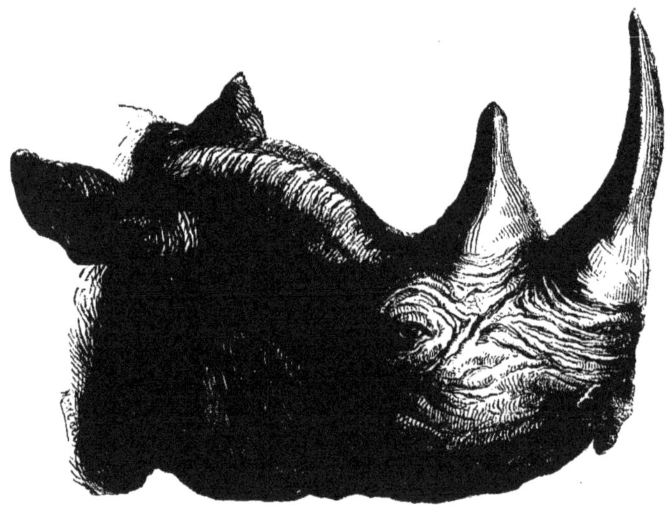

TÊTE DE RHINOCÉROS NOIR A DOUBLE CORNE.

trouvèrent-ils un moyen aisé de se venger en se sauvant tous ensemble et laissant Ibrahim dans l'embarras. Le lieutenant de Kourchid résolut donc de charger le gros de sa troupe de garder son trésor, tandis qu'il conduirait à Gondokoro un assez fort détachement pour y prendre des munitions et des provisions.

Quant à sir S. Baker, il n'avait plus rien à faire à Choua. Ses engagements avec Ibrahim étaient remplis, puisque ce dernier possédait trois fois plus d'ivoire qu'il ne lui en avait été promis; son léger bagage devait être porté par des indigènes du Lira.

Le jour du départ arrivé, les bœufs furent sellés et sir S. Baker et sa femme se mirent en route.

Tournant définitivement le dos au sud, ils voyagèrent pendant plusieurs jours à travers un pays magnifique semé de gazon et de bois, traversèrent deux fois l'Oun-y-Amé, qui coule entre le Choua et l'Ounyoro, et arrivèrent au point où cet affluent se perd dans le grand Nil par 3° 32′ de latitude nord.

La route se continua à travers un vrai parc naturel où la verdure du gazon était entrecoupée par de gigantesques tamarins dont le feuillage sombre abrite de nombreux pigeons à la gorge d'un jaune éclatant.

« Nous gravîmes rapidement, dit sir S. Baker, une montagne escarpée par un défilé pierreux et d'un accès difficile. Arrivés au sommet, à environ 244 mètres au-dessus du Nil, qui coulait devant nous à une distance de 3 ou 4 kilomètres, nous nous arrêtâmes pour jouir de ce splendide panorama.

« Hourrah pour le vieux Nil! m'écriai-je, ravi du spectacle qu'offrait à ma vue ce fleuve sortant à peine de *chez son père nourricier*, le lac Albert, dans toute la grandeur du plus majestueux cours d'eau de l'Afrique.

« De notre hauteur nous apercevions une grande nappe d'eau que rien n'entravait dans sa course; elle venait de l'ouest-sud-ouest et coulait sur un sol marécageux. Sa largeur, indépendamment des marais et des jones, n'avait guère moins de 400 mètres; mais, comme toujours, une estimation positive de cette largeur était rendue extrêmement vague par la forêt de jones qui s'avance fort avant dans les parties profondes et unies du Nil Blanc.

« Nous pouvions distinguer son cours jusqu'à une quarantaine de kilomètres et tracer exactement la ligne des montagnes situées sur la rive occidentale et que nous avions vues à 96 kilomètres de distance lorsque nous étions sur la route de Karouma à Choua; déjà nous avions découvert, de Magoungo même, le commencement de cette chaîne frontière du Kochi.

« Le pays opposé au point où nous étions maintenant arrêtés était justement le Kochi, qui, bordant la rive occidentale du Nil, s'étend jusqu'au lac Albert. Le district que nous occupions actuellement était le Madi, qui s'étend le long de la rive orientale du Nil Victoria (ou Somerset) depuis l'angle formé par le Nil et le lac Albert. Ces deux pays, nous les avions déjà vus à Magoungo lorsque nous avions découvert le point précis où le Nil s'échappe du lac, comme une simple modification de sa vaste nappe, jusqu'à ce qu'il se perde dans une interminable vallée de joncs gigantesques.

« De Magoungo, situé par 2° 16′ de latitude, ma vue s'était étendue au loin vers le nord en descendant le cours du fleuve. Aujourd'hui, me trouvant à 3° 34′ de latitude, je remonte du regard dans la direction du sud, de manière à rejoindre presque la ligne atteinte par mon rayon visuel du haut de mon premier observatoire. Sur les 140 kilomètres qui m'en séparent, deux ou trois à peine restent inexplorés.

« Juste en face du sommet d'où nous examinons la contrée, la montagne escarpée connue sous le nom de Ghébel-Koukou s'élève à 750 mètres au-dessus du niveau du Nil. C'est le point culminant d'une chaîne qui, avec quelques interruptions au nord, longe la rive occidentale du fleuve jusqu'à 40 kilomètres de Gondokoro. Notre point d'observation forme l'extrémité septentrionale d'une chaîne parallèle encaissant le Nil à l'orient.

« Ainsi ce large et noble fleuve, sorti du lac Albert comme une nappe d'onde pure, s'engouffre dès qu'il a reçu l'Oun-y-Amé dans une passe resserrée entre deux montagnes : à l'ouest le Ghébel-Koukou et à l'est celle que nous foulons aux pieds. L'embouchure de l'Oun-y-Amé est la limite de la navigation pour qui viendrait du lac Albert.

« Si loin que la vue peut atteindre au sud-ouest la contrée est déserte, plate et marécageuse tout le long du cours de ce fleuve; cette apparence me prouve l'exactitude des renseignements que j'ai reçus des indigènes de l'Ounyoro et de la bouche même de Kamrasi, à savoir, que le Nil est navigable pendant plusieurs journées de navigation à sa sortie du lac Albert. Les mêmes renseignements avaient précisément été donnés à Speke, auquel une observation barométrique révéla pour le niveau du Nil en cet endroit une si grande différence avec celui que le fleuve avait à Kérouma, que le capitaine en conclut l'existence d'une dépression de 300 mètres entre la base des rochers de Kérouma et le lac Albert. Ainsi que je l'ai déjà démontré, cette dépression du sol doit être de près de 388 mètres.

« Il m'est impossible de dépeindre la grandeur calme du paysage qui se déroule autour de la hauteur d'où nous avons pu confirmer les résultats de nos propres travaux et les suppositions bien fondées de Speke. Nous étions maintenant sur la route de retour suivie par lui-même et par Grant; mais je crois qu'ils ont dû tourner la base de la montagne dont nous avons fait l'ascension; les deux routes aboutissent au même endroit; celle que nous prîmes nous conduisit à angle droit vers le Nil, qui coulait au-dessous de nous.

« En descendant à travers des jungles enchevêtrées d'épines, nous arrivâmes au fleuve et, tournant subitement vers le nord, nous suivîmes son cours pendant 1600 mètres environ et nous campâmes pour la nuit sur ses bords. Après avoir traversé la vallée située entre le Ghébel-Koukou et la chaîne occidentale, le Nil n'était plus le fleuve calme que nous avions vu au sud: de nombreuses îles rocheuses embarrassaient son cours et des bancs de vase couverts de hauts papyrus l'obstruaient tellement, que le fleuve n'avait plus que 1600 mètres de large en y comprenant un labyrinthe d'îles, de rochers et les canaux intermédiaires. Sur une de ces îles couvertes de joncs nous découvrîmes un troupeau d'éléphants presque entièrement cachés par la hauteur des plantes. Comme ils s'approchaient du bord de l'eau, je déchargeai sur eux une vingtaine de fois ma carabine Fletcher, dont la portée est de 600 mètres; mais je ne pus ni les atteindre, ni même les effrayer; ce fait peut donner une idée de la largeur du fleuve, car l'île paraissait en occuper le milieu.

« Un peu plus bas le Nil se resserre rapidement et devient enfin un torrent impétueux qui se précipite à travers une gorge étroite, entre deux falaises à pic, avec une force terrible. Dans certains endroits ce grand fleuve est réduit par sa prison de rochers à une largeur de 120 mètres au plus. A travers ces écluses naturelles la chute des eaux a quelque chose d'effrayant; mais on conçoit que pour un observateur vulgaire venant du nord, comme la plupart des voyageurs l'ont fait avant Speke, le Nil, dans cette partie de son cours, ne soit apparu que comme un torrent des montagnes; d'autant mieux que je ne sache pas que personne ait tenu compte de l'impétuosité de son courant. »

A partir de ce point la caravane suivit le rivage par une route difficile, à travers de profonds ravins et des rochers abrupts. Quelques rapides considérables ajoutent à la majesté du paysage; pendant l'espace de plusieurs kilomètres le fleuve gronde dans le défilé comme le lion dans sa tanière.

On atteignit l'Asoua en amont de son confluent avec le Nil. On le traversa avec de l'eau jusqu'à mi-cuisses. L'Asoua est un torrent descendant des montagnes et formidable pendant la saison pluvieuse. En raison de sa pente rapide, il s'enfle et se dessèche avec une égale vitesse; durant la saison sèche il est complètement sans eau.

Après le passage de cette rivière on dut prendre pour la

marche des précautions extraordinaires; on avait abordé le territoire des Baris, et sir S. Baker savait qu'il n'arriverait pas à Gondokoro sans avoir été attaqué par cette tribu toujours hostile.

« Effectivement, dit sir S. Baker, il fallut nous ouvrir de force le passage d'un défilé et les Baris y furent complètement défaits.

« Le lendemain pendant la nuit, comme je commençais à me reposer, mes gens me réveillèrent disant que le camp était entouré de nègres. Rien de plus vrai; mais on ne pouvait reconnaître les assaillants qu'en se baissant et en examinant la terre à fleur de sol, à cause de l'obscurité. J'ordonnai aux sentinelles de ne pas tirer un seul coup, à moins que les nègres ne commençassent les hostilités; ils ne devaient faire feu en aucun cas sans avoir préalablement crié : *Qui vive?*

« Je regagnai mon lit de camp; mais, ne voulant pas dormir, je me mis à fumer ma longue pipe de l'Ounyoro. Dix minutes après, pan! un coup part, suivi immédiatement d'un second tiré par la sentinelle à l'entrée du camp. Me relevant tranquillement, je trouve Richarn à son poste, rechargeant son fusil.

« Qu'y a-t-il, Richarn?

— Ils lancent leurs flèches dans le camp, visant le feu dans l'espoir de vous tuer, car ils vous croient couché tout auprès. J'ai guetté un drôle, continua Richarn, et j'ai entendu quatre fois le bruit de son arc. A chaque coup une flèche venait frapper la terre entre vous et moi; j'ai donc tiré sur lui et je crois l'avoir abattu. Voyez-vous cet objet noir étendu là-bas? »

« J'apercevais effectivement quelque chose de plus sombre que l'obscurité environnante, mais je ne pouvais rien distinguer de précis. Ayant donné à Richarn l'ordre de ne pas quitter son poste avant qu'il fût relevé et de bien observer ce qui se passerait, je me rendormis.

« Avant l'aube et juste au moment où l'obscurité prenait

une teinte grisâtre, j'allai reconnaître le factionnaire; il était à son poste et me dit que l'archer de la nuit précédente était mort, à ce qu'il croyait, car après mon départ il avait entendu *comme un râle provenant de l'objet qui était à terre.* En quelques minutes il fit assez jour qu'on pût distinguer le cadavre d'un homme étendu à environ trente pas de l'entrée du camp. C'était un Bari; il avait un arc à la main et deux ou trois flèches étaient auprès de lui; il avait été frappé de treize chevrotines, dont une avait brisé son arc en deux. Nous cherchâmes à travers le camp les flèches qu'il avait lancées; nous en trouvâmes quatre en différents endroits et plusieurs à quelques pas seulement de nos lits, toutes horriblement barbelées et empoisonnées. »

Ce fut la dernière attaque que sir S. Baker eut à essuyer.

Traversant la petite province de Moir, dont la population très nombreuse était amicalement disposée, on aperçut bientôt la montagne bien connue de Bélinian et l'on arriva sans autre accident à Gondokoro.

Parti sous les auspices les plus contraires, sir S. Baker, malgré la faiblesse de sa troupe, y rentrait en vainqueur, portant devant lui le drapeau de l'Angleterre.

La caravane entra dans la ville en poussant des cris de joie et en faisant parler la poudre. Les Turcs vinrent à sa rencontre.

« Ils s'approchèrent, dit sir S. Baker, et tirèrent une salve de cartouches à balles, s'avançant suivant leur habitude tout près de nous et déchargeant leurs fusils sur le sol, entre nos jambes. Un de mes amis qui se trouvait dans la foule, ayant reconnu mon domestique Mohammed, lequel me précédait à dos de bœuf, le salua immédiatement d'un coup de fusil tiré à terre juste sous le ventre de sa monture. L'effet produit excita des éclats de rire de tous côtés; car le bœuf, effrayé de cette décharge inattendue, se mit à ruer et finit par lancer par-dessus sa tête le pauvre cavalier, qui resta étendu sur la place. Cette scène comique termina l'expédition. »

Sir S. Baker ne trouva à Gondokoro ni lettres d'Angleterre ni navire pour le transporter à Khartoum. On les croyait, sa femme et lui, morts ou du moins partis pour Zanzibar [1]. Ils étaient à Gondokoro, mais sans ressources!

Cette station était pleine des caravanes des négociants d'esclaves, qui y avaient amené plusieurs milliers de noirs. La physionomie de ces dignes négociants portait l'empreinte de la plus sérieuse consternation. De tous les navires que l'on attendait, trois seulement, appartenant à Kourchid-Aga, étaient arrivés, et ils avaient apporté des nouvelles effrayantes pour les marchands de chair humaine.

Les autorités égyptiennes avaient, disait-on, reçu des gouvernements européens, l'ordre de supprimer la traite des nègres. A cet effet quatre vapeurs étaient arrivés du Caire à Khartoum. Deux de ces navires avaient remonté le Nil Blanc et pris plusieurs bateaux chargés d'esclaves; les équipages étaient emprisonnés, après avoir subi la bastonnade et la torture; les esclaves avaient été confisqués par les autorités égyptiennes.

Il devenait donc impossible d'importer des nègres dans le Soudan, car un régiment égyptien occupait le pays des Chilouks, et des bateaux à vapeur, formant une croisière, interceptaient toute communication fluviale entre l'intérieur du pays et Khartoum, de sorte que les troupeaux d'esclaves réunis en ce moment à Gondokoro n'avaient aucune valeur.

De plus la peste régnait à Khartoum et avait enlevé 15000 personnes; une partie des équipages des bateaux se rendant de Khartoum à Gondokoro était victime de ce fléau; la contagion avait même éclaté dans la station où nous nous trou-

1. Ile de la mer des Indes qui a donné son nom au sultanat de Zanzibar. Découverte par le Portugais Albuquerque en 1503, elle fut conquise par l'iman de Mascate en 1784. Depuis 1856, le sultanat de Zanzibar est indépendant.

vions alors, et chaque jour amenait son contingent de victimes.

Enfin le Nil Blanc s'était trouvé barré par un caprice de la nature, et les équipages de trente embarcations avaient été occupés pendant cinq semaines à ouvrir une tranchée à travers cet obstacle afin de rendre un passage à la navigation.

Profitant de l'effroi répandu par le bruit de la prochaine arrivée d'un des bateaux à vapeur de l'État, sir S. Baker loua pour 4000 piastres (1000 francs) un des navires appartenant à Kourchid et qui allait redescendre à vide. Il le fit nettoyer de fond en comble, plusieurs hommes de son équipage étant morts de la peste, et il s'y embarqua avec joie pour échapper à l'horrible puanteur qui remplissait la station et le fleuve, où l'on jetait tous les malheureux atteints de l'épidémie.

Au moment du départ il reçut les adieux d'Ibrahim, qui, depuis la convention conclue dans le défilé d'Ellyria, s'était montré religieusement fidèle à sa parole.

Les sentiments de la population barbare de Gondokoro à l'égard de sir S. Baker étaient bien différents de ceux qu'elle lui avait manifestés lors de son départ.

« Toutes mes prédictions, dit notre voyageur, même celle relative à la suppression de la traite des nègres, s'étaient réalisées. Ceux qui m'avaient été hostiles, le malheur les avait frappés; ceux qui s'étaient montrés pour moi bienveillants et secourables, la fortune les avait récompensés. La volonté de Dieu s'était manifestée, disait-on, et l'on courbait la tête. »

CHAPITRE XIII

Le bassin du Nil. — Khartoum. — Souakin. — Suez.

Pendant que son bâtiment descendait rapidement le fleuve, se frayant la route à travers les gigantesques roseaux et les troupeaux d'hippopotames, fort nombreux dans cette saison, sir S. Baker eut le loisir de récapituler les connaissances qu'il avait acquises pendant les années précédentes sur le bassin du Nil.

Ici nous devons citer textuellement [1].

« Dégagé de ses longs mystères, le Nil est un problème d'une simplicité relative. Le bassin supérieur du fleuve est à peu près circonscrit entre le 20e et le 37e degré de longitude est et le 3e degré de latitude sud. Toutes les eaux de cette aire immense sont recueillies par le fleuve égyptien. Les lacs Victoria et Albert sont les récipients de tous les affluents nés au sud de la ligne. Le lac Albert reçoit de plus le tribut de tous ceux qui, au nord de l'équateur lui sont envoyés par les montagnes Bleues; il est donc le grand réservoir du Nil.

« La distinction à établir entre les deux lacs est celle-ci : le lac Victoria est alimenté par les affluents de la section orientale du bassin du Nil, et son déversoir aux cataractes de Ripon [2] peut être regardé comme la source la plus élevée du

1. Nous ne saurions trop recommander cette belle et consciencieuse étude à l'attention du lecteur.

2. Découvertes par Speke, le 28 juillet 1862.

fleuve[1]. Mais le lac Albert reçoit non seulement par les montagnes Bleues les eaux de la section occidentale du même bassin, mais encore tout le trop-plein du lac Victoria, en un mot tout le *drainage équatorial* du Nil. On peut dire que ce fleuve ne devient *lui-même* qu'à sa sortie du lac Albert; en amont il n'est pas le Nil complet.

« Un coup d'œil jeté sur la carte suffit pour faire voir l'importance relative des deux grands lacs. Le lac Victoria, après avoir recueilli toutes les eaux de l'est, les déverse dans l'extrémité septentrionale du lac Albert; ce dernier, par son caractère et sa position, est le réservoir central de toutes les eaux appartenant au bassin septentrional du Nil. Ainsi le lac Victoria est la source première du fleuve qui, en sortant du lac Albert, devient tout à coup le grand Nil Blanc.

« Je n'ai pas l'intention d'attribuer à ma découverte plus d'importance qu'elle n'en a réellement; encore bien moins voudrais-je en aucune façon déprécier le mérite des efforts de Speke et de Grant : mon but a toujours été de confirmer leurs découvertes en les développant et d'ajouter ma voix au concert des louanges qu'ils ont méritées à si bon droit. Nos travaux réunis ont établi par la découverte des sources du Nil un grand fait géographique. J'ai dessiné sur ma carte exactement ce que j'ai trouvé et ce que j'ai entendu, en contrôlant avec le plus grand soin les détails que les nègres m'ont donnés.

« Mon exploration confirme tout ce qui a été révélé par Speke et Grant : ils ont parcouru le pays, depuis Zanzibar jusqu'au bassin d'écoulement septentrional de l'Afrique, commençant non loin du 3e degré de latitude sud, vers l'extrémité méridionale du Victoria N'yanza. Examinant ensuite la rivière aux cataractes de Ripon, lorsqu'elle sort du

1. En négligeant les torrents et les cours d'eau auxquels le lac Victoria sert lui-même de réservoir.

lac, ils ont reconnu en cet endroit la source la plus élevée du Nil.

« Cette conclusion était parfaitement juste eu égard aux données qu'ils avaient alors. Ayant suivi le cours du fleuve pendant une distance considérable jusqu'aux cataractes de Kérouma (lat. 2° 15′ N.), ils rencontrèrent ensuite le Nil (lat. 3° 32′ N.); enfin ils avaient appris que le fleuve tombait dans ce qu'ils appelaient le Louta N'zighé, pour en déboucher un peu plus bas. Ainsi toutes les investigations étaient scrupuleusement exactes, et mes propres découvertes ont prouvé combien leurs conclusions étaient fondées. Leur description générale du pays était parfaite; mais, comme ils n'avaient pas visité le lac occidental dont on leur avait parlé, ils furent dans l'impossibilité de comprendre l'importance qu'a ce grand réservoir dans le système du Nil.

« Maintenant que la tâche d'explorer cette mer intérieure est accomplie, la question géographique des sources du Nil se trouve résolue. Ptolémée avait parlé des sources du Nil comme sortant de deux grands lacs alimentés par les neiges des montagnes d'Éthiopie. On a même des cartes anciennes sur lesquelles ces lacs sont représentés[1]. Quoiqu'il y ait une grosse erreur dans la latitude, le fait de deux grands lacs, dont on admettait l'existence dans l'Afrique équatoriale, n'en est pas moins acquis à la géographie ancienne; ces lacs étaient alimentés par des torrents descendant de hautes montagnes, et de ces réservoirs sortaient deux cours d'eau dont le confluent formait le Nil. Le principe général était vrai, quoique les détails fussent inexacts. Il est presque certain que dès les temps anciens les Arabes des bords de la mer Rouge faisaient le commerce avec les naturels du littoral vis-à-vis de Zanzibar, et que les gens qui se livraient à ce commerce avaient pénétré assez loin dans l'intérieur pour pouvoir

1. Carte 14 de l'Atlas de Ptolémée, photographié d'après un manuscrit trouvé au mont Athos (Roumélie, Turquie d'Europe), et publié par la maison Didot.

affirmer l'existence des deux grands lacs. C'est ainsi sans doute que ces notions géographiques avaient pu dans l'origine arriver jusqu'en Égypte.

« Dans une zone qui commence à trois degrés au nord de l'équateur la saison des pluies dure plus de dix mois, depuis février jusqu'à la fin de novembre. Les pluies les plus fortes commencent en avril, pour ne finir qu'avec le mois d'août. Pendant les deux derniers mois de cette saison les rivières ont atteint leur maximum de crue ; à d'autres époques le climat est aussi incertain qu'en Angleterre : mais la pluie a ce caractère violent qui est propre aux régions tropicales. Ainsi les rivières coulent pendant toute l'année à pleins bords, et le lac Albert se maintient à un niveau élevé, versant au Nil un volume d'eau qui ne diminue pas.

« Sur la carte que Speke m'a donnée il a désigné le Nil Victoria au-dessous de la cataracte de Ripon sous le nom de Nil Somerset. M'étant fait un devoir d'adopter toutes les désignations données par lui sur sa carte, je conserve ce nom pour la partie du Nil qui se trouve entre les lacs Victoria et Albert; il faut l'entendre comme indiquant la source du *Nil Victoria*, suivant Speke. Grâce à la désignation du Somerset, il ne pourra y avoir aucune confusion en parlant du Nil, qui sans cela offrirait quelque ambiguïté, car le même nom en ce cas-là s'appliquerait à deux courants distincts, l'un sortant du lac Victoria pour se rendre dans le lac Albert, l'autre formant le Nil tout entier lorsqu'il débouche de ce dernier lac.

« Le Nil Blanc, alimenté, ainsi que je l'ai décrit, par le grand réservoir que remplissent les pluies des régions équatoriales, reçoit les tributaires suivants :

« *Sur la rive gauche ou occidentale* : l'Yé ou Aï, rivière de deuxième ordre, en crue depuis le 15 avril jusqu'au 15 novembre; une autre petite rivière de troisième ordre dont la crue s'effectue à la même époque; le Bahr-el-Gazal, qui n'a que peu ou point d'eau;

« *Sur la rive droite ou orientale* : l'Asoua, cours d'eau considérable du 15 avril au 5 novembre, à sec après cette date; le Sobat, rivière de premier ordre, en crue de juin à décembre.

« Je ne tiens pas compte du Bahr-el-Girafe, car les naturels du pays le considèrent comme une branche du fleuve, laquelle se sépare du Nil Blanc dans le pays d'Aliab pour se réunir à lui plus tard entre le Bahr-el-Gazal et le Sobat.

« Ce dernier cours d'eau est l'affluent principal du Nil Blanc. Il est probablement alimenté par plusieurs rivières venant du pays des Gallas, vers Kaffa, sans compter les cours d'eau qui lui arrivent du pays des Baris et du Latouka. Le Sobat, suivant moi, est alimenté par des cours d'eau considérables de pays tout à fait distincts, à l'est et au sud, où la pluie tombe en diverses saisons; car elle est pleine jusqu'aux bords à la fin de décembre, lorsque les rivières du sud (Asoua, etc.) sont fort basses. Au nord du Sobat le Nil Blanc ne reçoit plus aucun tributaire jusqu'à Khartoum, où le Nil Bleu le rejoint; il rencontre l'Atbara plus bas encore. Ces deux grands courants qui descendent des montagnes, étant soudainement enflés vers la fin de juin par les pluies d'Abyssinie, élèvent le volume du Nil à un niveau qui produit les inondations de la basse Égypte.

« La partie équatoriale de l'Afrique, aux sources du Nil, a une hauteur moyenne de 1 200 mètres au-dessus du niveau de la mer. Ce plateau élevé forme la base d'une chaîne de montagnes s'étendant, je l'imagine, de l'est à l'ouest comme les vertèbres d'un animal et donnant l'écoulement des eaux vers le nord et le sud. Si ma position est exacte, l'écoulement sud rejoindrait le lac Tanganyka tandis que plus à l'ouest, un autre lac alimenté de même serait la source du Congo [1]. Au

1. Cette hypothèse de sir S. Baker, écrite en 1865, a été confirmée par Livingstone, qui, le 18 juillet 1868, découvrit le lac Bangouélo, d'où sort le Loualaba, tête du Congo. Ce lac est situé par 11° de latitude sud. — Quant au Tanganyka, il s'étend du 3e au 8e degré de latitude sud. — Le problème des sources du Congo a été résolu par Stanley lors de son second voyage en Afrique (1874-1877).

nord, un système analogue peut se déverser dans le Niger et le lac Tchad[1].

« Ainsi, les lacs Victoria et Albert, ces deux grands réservoirs ou sources du Nil, font peut-être partie d'un système de lacs entretenus par les versants nord et sud de la chaîne de montagnes de l'Afrique équatoriale, et distribuant aux principaux fleuves de ce continent le tribut des pluies qui tombent dans les régions situées sous l'équateur. Comme le centre de l'Afrique a une élévation de 1200 mètres au-dessus du niveau de la mer, indépendamment des hautes montagnes qui couronnent ce plateau, on est en droit de conclure que la région équatoriale de l'Afrique est comme un large cône dont toutes les pentes rayonnent vers la mer.

« Partout où il y a de hautes chaînes de montagnes, il doit exister aussi des parties déprimées; ces parties, lorsqu'elles sont situées dans la région des pluies équatoriales, reçoivent l'écoulement des eaux qui viennent des hautes terres et se transforment en lacs; le trop-plein de ces lacs à son tour donne naissance à des rivières : tel est précisément le cas du Nil sortant des lacs Victoria et Albert. »

L'origine des indigènes de l'Afrique centrale est très malaisée à définir. Non seulement les nègres ne savent pas écrire, mais ils n'ont aucune tradition; leurs pensées sont entièrement absorbées par leurs besoins matériels de chaque jour; ils n'ont aucun lien avec le passé; pour eux l'histoire n'existe pas.

A quelle époque de la création remontent-ils?

Dans un discours prononcé en 1852, alors que l'Afrique centrale était tout à fait inconnue, sir R.-J. Murchison, l'un des plus illustres savants de l'Angleterre, prouva qu'aucun changement géologique n'avait pu avoir lieu dans cette ré-

1. Le lac Tchad est situé dans la Nigritie centrale sous le 13e degré de latitude nord, à l'ouest du Kanem, à l'est du Bornou. Il reçoit une grande rivière, le *Châri, qui coule du sud-est.*

gion du globe pendant des siècles antérieurs de longtemps à la création de l'homme; il est donc naturel de supposer que les races d'êtres vivants qui existent sur cette terre primitive n'ont point changé depuis leur origine.

« Cette origine, dit-il, peut dater d'une époque assez ancienne pour avoir précédé la création d'Adam. L'homme historique croit en Dieu; les tribus de l'Afrique centrale n'y croient pas.

Quelle que soit l'antiquité que l'on attribue au nègre, il faut bien admettre qu'il est demeuré inférieur aux autres races humaines, car il a fait en civilisation moins de progrès même que les Polynésiens. C'est ainsi qu'il n'a jamais su que tuer et dévorer l'éléphant, tandis que depuis un temps immémorial l'Asiatique a su s'en servir utilement. »

Revenons au voyage de retour de sir S. Baker.

Il continuait à descendre le Nil, courant à la voile devant le vent toutes les fois que le fleuve, suivant la ligne droite, permettait aux rameurs de se reposer. C'était à la fin de la saison sèche, qui dans cette latitude correspond à la fin de mars. Quoique la rivière fût pleine jusqu'aux bords, les endroits marécageux étaient assez solides, et dans les parties les plus sèches les roseaux avaient été brûlés par les nègres.

Dans un de ces espaces découverts on aperçut un troupeau de plusieurs milliers d'antilopes auxquelles des indigènes en grand nombre coupaient la retraite. Cette espèce est nommée dans le pays méhédéhch[1].

N'ayant pas eu encore l'occasion de tuer de semblables antilopes, sir S. Baker se fit mettre à terre avec Richarn et Saat et entra en chasse. Il abattit d'abord deux mâles; puis, se portant derrière une fourmilière de 3 mètres de haut devant laquelle le troupeau défilait au galop, il tua encore deux mâles et une femelle. Il abandonna quatre de ces belles

1. *Aigocère noire, sable antilope*, nommé aussi *harrisbuck*, parce qu'elle a été découverte par Harris en 1837.

pièces aux nègres, se réservant seulement les têtes, qu'il emporta à bord avec la cinquième.

Cet animal, un peu plus grand qu'un âne, avait le dos noir, le ventre blanc et des cercles blancs autour des yeux; ses cornes, gracieusement recourbées, mesuraient 2 pieds 4 pouces anglais (près de 63 centimètres).

Dans cette espèce la femelle est d'un brun rouge et sans cornes.

Quelques jours après, le navire arrivait au confluent du Bahr-el-Gazal. On approchait de la singulière obstruction qui depuis 1863 barrait le cours du Nil Blanc. Il y avait un danger imminent à descendre le fleuve dans le voisinage de cette sorte d'écluse, car le courant s'était creusé au-dessous un canal souterrain où il s'engouffrait avec la force d'une cataracte. L'année précédente, une grande barque pontée chargée d'ivoire avait été entraînée en cet endroit en revenant de Gondokoro et n'avait plus reparu.

Sir S. Baker fit jeter l'ancre à environ 800 mètres en avant de la digue.

Cette partie du Nil offre des marécages sans fin, dont quelques parties, en cette saison, ont la consistance de la terre ferme. Le fleuve coule de l'ouest à l'est. La rive droite, couverte de mimosas, est un terrain solide, tandis que le bord opposé, encombré de roseaux, forme un marais absolument plat.

« A la pointe du jour, dit sir S. Baker, saisissant nos rames, nous descendîmes le courant rapide. Au bout de quelques instants, nous entendîmes le bruit d'une chute d'eau et nous aperçûmes devant nous le barrage, s'étendant d'un côté à l'autre du fleuve. Le marais ayant un fond très ferme, nos gens sautèrent immédiatement sur la rive et disposèrent les haussières l'une à l'arrière, l'autre près du bossoir[1]; cet ar-

1. *Haussière*, cordage fait avec 3 ou 4 torons; le *toron* est un assemblage de gros fils. — *Bossoir*, pièce de bois servant à hisser le gouvernail.

rangement empêchait le bateau de présenter le flanc au barrage, circonstance qui avait causé la perte du bâtiment dont j'ai parlé plus haut.

« Lorsque nous nous approchâmes, je remarquai l'écluse ou tranchée qui avait été creusée par les équipages des bateaux remontant le fleuve ; elle avait environ 3 mètres de large, à peine assez pour donner passage à une barque pontée. Cette ouverture se trouvait déjà encombrée par des masses de végétation flottante et par les radeaux naturels de roseaux et de vase que le Nil emporte dans son cours ; c'était à l'accumulation de ces matières qu'il fallait attribuer l'origine du barrage lui-même.

« Ayant fixé le bateau en posant par devant une ancre que nous enterrâmes dans le marais, tandis qu'un câble attaché aux roseaux maintenait l'arrière contre le courant, tout l'équipage se jeta dans le canal et se mit à dégager la masse énorme de lianes, de roseaux, de bois d'ambatch, d'herbe et de vase qui avait encombré l'entrée. Ainsi se passa la moitié d'une journée, et enfin nous réussîmes à amarrer notre vaisseau dans la coupure, où il resta en sûreté. Afin de réduire le tirant d'eau, nous eûmes à décharger la cargaison. Cette ennuyeuse opération terminée, et ayant empilé, sur des nattes qui recouvraient un lit de roseaux bien aplatis, plusieurs boisseaux de blé, nous essayâmes de pousser le bateau à travers le canal. Cet embarras, tout contrariant qu'il fût, était un sujet d'étude plein d'intérêt.

« Le fleuve avait soudain disparu ; on aurait dit que le Nil Blanc avait pris fin. Le barrage avait environ 1200 mètres de largeur ; il était parfaitement solide et, déjà couvert de roseaux et de hautes herbes, il semblait faire corps avec le pays environnant. Beaucoup de gens au service des marchands étaient morts de la peste dans cet endroit, ayant été obligés de séjourner pendant quelques semaines pour s'y frayer un passage ; leurs tombeaux encombraient le sol. Le fond de ce canal, tout à fait solide, était formé d'un mélange de sable, de vase et de végétation décomposée. Le fleuve arrivait avec une grande force sur la berge abrupte du barrage, amenant des détritus de toute espèce et de véritables îles flottantes. Aucun de ces objets ne restait attaché au barrage, car dès qu'ils s'y heurtaient, ils coulaient à fond et disparaissaient.

« C'est de cette manière que la barque pontée avait sombré. Ayant manqué l'étroit canal, elle avait d'abord donné de la proue, puis heurté de flanc contre cette espèce de rempart; la végétation flottante et les îles mouvantes amenées par le fleuve s'étaient amassées tout autour, et le bateau, chaviré sur le flanc, avait été entraîné par-dessous. L'équipage avait eu le temps de se sauver en suivant la barrière si ferme dans l'ouverture de laquelle leur navire avait fait naufrage. Les bateliers m'assurèrent qu'on avait trouvé en aval du barrage des cadavres d'hippopotames entraînés et noyés de la même manière.

« Il nous fallut deux jours de travail opiniâtre du matin jusqu'au soir pour nous conduire de l'autre côté du canal, et nous nous trouvâmes une fois encore en plein Nil. Le fleuve en cet endroit était parfaitement dégagé; pas le moindre vestige de végétation flottante; son plongeon sous le barrage le nettoyait comme s'il eût passé à travers un tamis, et il avait laissé derrière lui tous les détritus qu'il charriait et qui s'ajoutaient à la masse d'un remblai déjà gigantesque. »

A peine se trouvait-on débarrassé de cet obstacle, que quelques hommes de l'équipage se plaignirent de violents maux de tête, d'étourdissements, de vives douleurs à l'épine dorsale et entre les épaules.

« Lors de mon séjour à Gondokoro, dit sir S. Baker, le bateau m'avait inspiré de l'inquiétude, car plusieurs personnes y étaient mortes de la peste pendant le trajet depuis Khartoum. Les hommes m'assuraient que le symptôme le plus fatal était un violent saignement de nez; quiconque en était atteint mourait infailliblement. Or un des bateliers, qui se plaignait depuis quelques jours, se pencha tout à coup par-dessus le bord..... Son nez saignait! Un autre de mes gens, Yézin, était malade. Son oncle, mon lieutenant, vint me dire qu'il saignait du nez! Plusieurs autres tombèrent malades; ils étaient étendus sur le pont en proie au délire, le globe de l'œil aussi jaune qu'une pelure d'orange. Au bout de deux ou trois jours la puanteur à bord était telle qu'on ne pouvait y tenir.

« *La peste avait éclaté* [1], et presque chaque jour elle nous enlevait un homme. »

C'est ainsi que l'on arriva au village de Ouat-Chiley, à trois journées seulement de Khartoum. Saat, l'enfant d'adoption de sir S. Baker et de sa femme, ce jeune nègre qui faisait une exception si remarquable au caractère barbare de sa race, se mourait. Sa peau était devenue jaune, ses yeux s'injectaient de sang; quand il n'était pas en proie au délire, épuisé, étendu sur sa natte, il poursuivait de ses affectueux regards Mme Baker, qui lui faisait boire de l'eau sucrée, seul remède qui avec le calomel fût à sa disposition.

« Le lendemain, dit sir S. Baker, Saat semblait aller mieux; je le fis laver et habiller avec soin. Ma femme lui donnait toutes les dix minutes une cuillerée à café d'eau-de-vie sur un morceau de sucre. Il ne pouvait plus parler, mais il nous remerciait du regard. Il parut s'endormir. Karka, notre grosse négresse, s'assit près de lui et lui étendit les bras et les jambes.

« Dort-il encore? » lui demandâmes-nous. Les larmes coulaient sur les joues de la brave femme et elle répondit : « Il est mort! »

1. Sir S. Baker attribue cette épidémie aux émanations des végétaux réunis en masse et décomposés.

« Nous fîmes arrêter le bateau; c'était une rive sablonneuse bordée d'une falaise élevée que couronnait un bouquet de mimosas. Nous y creusâmes la tombe de Saat. Mes hommes travaillaient en silence et tristement, car tous aimaient Saat; il s'était montré si bon et si fidèle, que même ces cœurs endurcis avaient appris à le respecter. Nous le déposâmes dans son tombeau, sur cette terre déserte, au pied d'un bouquet d'arbres.

« Nous mîmes ensuite à la voile et nous nous éloignâmes de l'endroit où reposait la bonté, la fidélité mêmes. C'était une heureuse mort, car Saat avait été arraché à une terre d'iniquité dans toute la pureté d'un enfant converti de l'idolâtrie au christianisme. Il avait vécu et était mort à notre service en bon chrétien. Notre voyage était presque fini et nous comptions revoir notre patrie et nos amis; mais il nous restait encore des dangers à courir; Saat, le pauvre enfant, avait atteint son foyer et son repos. Nous avions ainsi enseveli deux fidèles compagnons aux deux termes de notre voyage: Johann Schmidt au début et Saat à la fin. »

A quelques kilomètres de là, un vent contraire arrêta le bâtiment pendant plusieurs jours. Perdant patience, sir S. Baker loua des chameaux et au bout d'une journée il atteignit Khartoum. C'était le 5 mai 1865.

A peine arrivé, il apprit la terrible nouvelle de la mort de son ami Speke.

Sir S. Baker trouva Khartoum dans la situation la plus misérable. La famine ravageait le Soudan. L'épizootie [1] ne s'était pas bornée à enlever les bestiaux; elle avait aussi tué les chameaux et interrompu le transit. Le Nil Bleu était si bas que la navigation était devenue impossible et qu'on ne recevait plus ni blé, ni fourrage.

Nos voyageurs restaient donc emprisonnés à Khartoum,

1 Maladie qui règne sur beaucoup d'animaux à la fois.

sans provisions, exposés à une chaleur intense et à des ouragans de sable continuels accompagnés d'une épidémie générale d'ulcères.

« Pendant ce séjour forcé, dit sir S. Baker, je rencontrai par hasard Mohammed Her, le vakil de Tchénouda, le même qui au Latouka avait excité mes gens à la rébellion, puis avait pris les révoltés à son service. Je m'étais promis de faire de ce drôle un exemple public : je le fis donc arrêter et conduire au divan. Il eut l'effronterie de nier ses méfaits et il ajouta qu'il ne savait rien de la destruction de sa caravane et des rebelles par les Latoukiens.

« Je me rendis donc au divan et demandai qu'on appliquât à Mohammed Her la peine du fouet. Omer-Bey était alors gouverneur du Soudan, à la place de Mousa-Pacha, décédé. Il présidait le divan dans la grande cour de justice, près de la rivière. Me priant de m'asseoir près de lui et me présentant une pipe, il appela l'officier de service et lui donna les ordres nécessaires.

« Le prisonnier, dont la culpabilité fut prouvée par de nombreux témoins, étant prêt, les coups de fouet lui furent appliqués de la manière la plus scientifique. Après la cinquième douzaine, le malheureux se prit à hurler en demandant grâce. Combien de fois n'avait-il pas lacéré à coups de courbache (cravache en cuir d'hippopotame) de malheureux esclaves ! Que de meurtres n'avait-il pas commis sans crainte et sans merci !... Je priai cependant Omer-Bey de limiter le châtiment à 150 coups et d'expliquer publiquement au coupable, en plein tribunal, que cette punition lui avait été infligée pour avoir essayé de faire manquer l'expédition d'un voyageur anglais en excitant ses gens à la révolte. »

Enfin, au bout de deux mois d'anxiété, le 1er juillet 1865, sir S. Baker et sa femme furent en mesure de quitter Khartoum. Bien qu'ils eussent été sur le point de se perdre dans une cataracte, à tout prendre leur navigation fut heureuse jusqu'à Berber, d'où quatre ans auparavant ils étaient partis pour leur exploration des affluents abyssiniens du Nil.

Ils y furent reçus avec la plus large hospitalité par M. et madame Lafargue, couple français honorablement établi depuis plusieurs années dans le Soudan.

« C'est avec une reconnaissance profonde, dit sir S. Baker, que je remercie ici les Français pour la courtoisie que j'ai toujours trouvée chez ceux d'entre eux qu'il m'est arrivé de rencontrer dans ces pays lointains. Cette politesse avait le charme d'une de ces fleurs qu'on rencontre à l'improviste dans les sables du désert. J'aime à espérer que, par réciprocité, tout Français recevra de mes compatriotes le même traitement, lorsqu'il se trouvera éloigné de sa belle patrie. »

Sir S. Baker résolut de regagner l'Égypte par la mer Rouge, au lieu de traverser l'affreux désert de Korosko pendant les chaleurs du mois d'août. S'étant non sans difficulté procuré des chameaux, il se dirigea à l'est vers Souakin, espérant y trouver un bateau à vapeur en partance pour Suez.

Il ne suivit pas la route que d'ordinaire prennent les caravanes. Une certaine agitation régnait dans le pays, à cause de la révolte de toutes les troupes nègres au service de l'Égypte dans la province de Taka. En outre, les Arabes Hadendouas, auxquels on ne peut se fier en aucun temps, étaient très excités.

La caravane comprenait, outre sir S. Baker et sa femme, Richarn, Achmet et Zéneb, une fille de la tribu guerrière des Dinkas, que Richarn avait épousée lors du séjour de son maître à Khartoum. C'était une excellente créature, haute de 1m,82 assez jolie, forte comme une girafe et excellente cuisinière. Son mari, le fidèle compagnon de sir S. Baker, se trouvait actuellement riche, ayant reçu 600 francs pour l'arriéré de ses gages. Achmet était un domestique égyptien engagé récemment à Khartoum. Un missionnaire suisse s'était joint à la troupe.

« Un jour, dit sir S. Baker, pendant les chaleurs de midi, après une longue traite à travers le sable brûlant d'un désert sans ombre, nous aperçûmes de loin un arbre isolé et nous nous en approchâmes comme d'un ami. A notre arrivée nous trouvâmes plusieurs Arabes Hadendouas assis à l'ombre.

« En mettant pied à terre nous les prions de se serrer pour nous faire un peu de place; car un arbre dans le désert est comme un puits : tout voyageur y a droit. Loin d'accéder à notre demande, ils nous refusent avec la dernière insolence. Richarn essaye de prendre possession, on le repousse et un Arabe tire son couteau. Achmet avait à la main un fouet d'hippopotame dont il s'était servi pour son chameau; il le lève et menace l'Arabe qui avait dégainé; c'est le signal des hostilités.

« Les sabres sortent du fourreau et le chef de la troupe essaye de me frapper à la tête. Parant le coup avec mon parasol, je le frappe à la bouche, à mon tour, avec une telle force, que la pointe de cette arme pacifique lui pénètre jusqu'au gosier et l'étend par terre. Presque au même moment je me vois obligé de parer un second coup; mon parasol est brisé, et il ne me reste pour toute arme, outre mes poings, qu'un solide tuyau de pipe turque d'environ 1^{m},20 de longueur. Parant et frappant d'estoc et de taille avec ledit tuyau et assenant de vigoureux coups avec ma main gauche, je réussis à tenir en respect trois ou quatre de ces bandits; mais je suis légèrement atteint au bras gauche d'un coup de sabre; je renversai pourtant celui qui me l'avait porté et je le désarmai. Ma femme ramassa le sabre, car je n'avais pas le temps de me baisser, et elle s'escrima aussi contre les ennemis. Un des Arabes voulut lui enlever son arme, mais il n'osa pas s'approcher de la lame nue.

« Nous étions maîtres de la position, car nous nous tenions à l'abri de l'arbre, dont les branches étaient fort près de la terre; les Arabes, qui ne savent pas porter des coups de pointe, ne pouvaient pas faire usage de leurs sabres, car le feuillage interceptait les coups de taille. Nous finîmes par dégager le pourtour de l'arbre en nous escrimant avec vigueur, et la troupe ennemie se dispersa à droite et à gauche, poursuivie par Richarn et Achmet, qui étaient pourvus de carabines à deux coups. Je voulais désarmer toute la bande.

« Un des Arabes, muni d'une lance, se précipita pour attaquer Richarn par derrière ; mais Zéneb, digne fille de la tribu guerrière des Dinkas, se saisissant d'une cognée dont le manche était d'un bois fort dur, se jeta dans la mêlée comme une véritable amazone et, s'élançant à la rescousse de Richarn, elle appliqua à l'Arabe un tel coup sur la tête qu'elle le renversa à terre et lui enleva sa lance. Ainsi armée, elle se joignit aux combattants.

« Je ne pus m'empêcher de m'écrier « Bravo, Zéneb! » Saisissant un gros bâton qu'un des Arabes avait laissé tomber, j'appelai Richarn, réunis notre petite troupe et, attaquant les quelques Arabes qui résistaient encore, nous les renversâmes et leur enlevâmes leurs armes. Le chef de la bande, qui avait été le premier à dégainer et à qui j'avais fait avaler *une bouchée de parasol*, n'avait pas bougé de l'endroit où il était tombé, ne cessant de tousser et de cracher. Après l'avoir fait lier, je le menaçai de l'attacher à la queue d'un chameau et de le mener prisonnier au gouverneur de Souakin s'il ne rappelait pas tous ceux de sa troupe qui avaient pris la fuite. Ils se tenaient éloignés et j'insistai pour qu'ils me remissent leurs armes. Entièrement abattu et découragé, le chef conféra avec ceux que nous avions saisis et l'affaire se termina par un désarmement général.

« Je comptai six sabres, onze lances et un grand nombre de couteaux.

« Ordonnant alors à ces bandits de s'aligner, je leur donnai le choix de deux alternatives : ou j'administrerais moi-même la bastonnade aux chefs, ou je les attacherais à la queue des chameaux et je les mènerais ainsi au gouverneur de Souakin. Ils préférèrent la première proposition; alors, les faisant sortir des rangs, je leur commandai de se coucher à terre pour recevoir la correction promise.

« Ils se soumirent comme des chiens. Richarn et Achmet, armés de courbaches, se tenaient prêts au premier signal. En ce moment un vieil Arabe à cheveux blancs, faisant partie de ma caravane, s'approcha de moi; se mettant à genoux, il me caressa la barbe de ses mains sales [1] et me demanda pardon pour les coupables. Connaissant à fond le caractère de ces drôles, je répondis: « Ce sont de misérables fils de chien et leurs sabres sont aussi faibles que les plumes d'un oiseau. Ils méritent le fouet; mais quand un homme à la tête blanche demande grâce, elle doit être accordée. Dieu est plein de miséricorde et nous sommes ses enfants! »

« Ainsi se termina cette affaire à notre satisfaction. Je brisai toutes les hampes des lances sur les rochers et dis à Zéneb d'en allumer du feu pour faire bouillir notre café. Attachant les sabres en un faisceau et mettant les couteaux et les fers de lance dans un panier, je promis de restituer tous ces objets à leurs propriétaires lors de notre arrivée au dernier puits au delà duquel nous devrions trouver tous les jours une provision d'eau. Après cela nous n'aurions plus à craindre que l'on nous volât nos chameaux, ni que l'on nous abandonnât dans le désert. Ces Arabes suivirent notre caravane, et quelques jours plus tard, lorsque nous fûmes arrivés à la citerne, je leur rendis leurs armes selon ma promesse.

« Souakin est à peu près à 442 kilomètres du Nil et de Berber. »

A mi-chemin, à Kokreb, la caravane traversa la chaîne

1. L'ancien poète grec Euripide nous présente plusieurs exemples analogues. Dans *Hécube*, la vieille reine de Troie est devenue esclave et dit à Ulysse: « Tu étais à mes pieds dans la posture d'un suppliant et tu touchais mes vieilles joues; » dans *Iphigénie en Aulide*, Clytemnestre, suppliant Achille de sauver sa fille, s'écrie: « Je t'implore par cette main que je touche et par ton menton. »

de montagnes qui remonte de Suez vers le sud parallèlement à la mer Rouge et qui a une hauteur de 12 à 1500 mètres au-dessus du niveau de la mer. Ces montagnes sont fort belles, en raison de leurs grosses masses de granit rouge et gris, de porphyre rouge et vert, ainsi que de leurs coulées de basalte, si nombreuses et si noires que le pays ressemble à un immense chantier de charbon répandu sur la surface du sol en blocs et en monticules.

Kokreb est une charmante oasis entourée d'une forêt de mimosas noirs et arrosée par un ruisseau descendant des collines.

Pendant plusieurs jours la caravane suivit un profond ravin entre des montagnes d'une hauteur extraordinaire. C'était le lit d'un torrent qui après les fortes pluies coulait vers l'est à travers les hauteurs. Sir S. Baker rencontrait des mares d'une eau remarquablement limpide et observait avec quelle adresse les chameaux gravissaient les défilés les plus difficiles, se frayant un chemin au milieu des rochers et des pierres qui obstruaient la route. Ça et là il voyait ces animaux brouter les branches des mimosas verts qui croissaient dans des endroits où il lui semblait impossible d'atteindre.

Après vingt-quatre jours de marche depuis le départ de Berber, la caravane sortit des montagnes, et de la passe élevée où il se trouvait sir S. Baker découvrit soudain, avec le plus grand plaisir, la mer Rouge. Descendant le plus promptement possible, il entra le lendemain à Souakin [1].

Souakin est une position importante. Les maisons y sont bâties en corail; les principaux bâtiments, les bureaux des douanes et ceux du gouvernement se trouvent sur une île, dans le port.

Les voyageurs furent reçus avec empressement par le gou-

1. Ville de Nubie située en partie dans une île du golfe Arabique ou mer Rouge, en partie sur le continent. Elle possède un bon port, fréquenté par les marchands de café d'Arabie et des pêcheurs de perles.

verneur Moumtazzé-Bey, qui leur offrit une maison. La chaleur était épouvantable; le thermomètre variait entre 46° et 49° au-dessus de zéro.

Grâce à sa situation Souakin devrait être l'entrepôt du commerce d'importation et d'exportation du Soudan avec l'Arabie. Malheureusement il n'en était pas ainsi, et sir S. Baker attendit quinze jours l'arrivée d'un bateau à vapeur. Enfin on en signala un qui amenait des troupes égyptiennes et qui, sa mission terminée, devait retourner immédiatement à Suez.

Sir S. Baker aima mieux prendre passage à bord de ce bâtiment, tout sale qu'il fût, que de s'exposer à de nouveaux délais. Cinq jours après il débarquait à Suez[1].

« En descendant du bateau à vapeur, dit sir S. Baker, je me trouvai une fois encore dans un hôtel anglais. La cour intérieure, spacieuse et commode, était disposée de manière à former une serre ouverte; on y voyait une buvette, du *pale ale d'Allsopp* avec accompagnement de glace. Quel paradis terrestre! Et des draps aux lits! Et des taies d'oreillers! J'en avais perdu l'habitude depuis tant d'années!

« L'hôtel était plein de voyageurs se rendant aux Indes, de charmantes Anglaises, des Anglais en foule. Jamais je n'ai été tellement épris de mes compatriotes; mais, chose surprenante! toutes les dames portaient d'énormes paquets de cheveux derrière la tête. J'appelai Richarn, mon nègre favori, pour les admirer.

— Richarn, lui dis-je, regardez! Que pensez-vous de

1. Suez, l'*Arsinoé* ou *Cléopatris* des anciens, la *Souéïs* des Arabes, est une ville de la basse Égypte, située à l'extrémité du golfe du même nom qui forme la pointe nord-ouest de la mer Rouge. Elle fut occupée par les Français de 1798 à 1800. — Le canal de Suez, œuvre de M. de Lesseps, commencé en 1856, fut inauguré le 20 novembre 1869. De Port-Saïd, sur la Méditerranée, il aboutit à Suez en traversant plusieurs lacs, notamment le lac Timsah, transformé en un grand port intérieur. Sa longueur est de 160 kilomètres et sa largeur de 75 mètres.

nos dames anglaises! Hein, Richarn, ne sont-elles pas charmantes?

— Gloire à Dieu! s'écria Richarn étonné. Qu'elles sont belles! En voilà des cheveux! Ce n'est pas comme ces nègres sauvages qui se mettent sur la tête les cheveux d'autrui[1]! Ces dames-là n'ont que leurs propres cheveux, n'est-ce pas? Que c'est beau!

— Oui, Richarn, répliquai-je. Ces cheveux sont *leur propriété!*

« Leur coiffeur, bien payé sans doute de ses fournitures, ne m'aurait pas démenti... C'était la première fois que je voyais un chignon. »

En arrivant au Caire, sir S. Baker établit Richarn et sa femme dans une place excellente, comme domestiques particuliers de M. Zech, propriétaire de l'hôtel Sheppard. Ce brave homme avait fait preuve d'une force morale extraordinaire en renonçant absolument à ses anciennes habitudes d'intempérance.

Sir S. Baker prit congé de ses trois domestiques, le cœur trop plein pour pouvoir parler; il serra cordialement leurs mains noires, calleuses, mais honnêtes, puis le sifflet de la locomotive se fit entendre... La séparation était accomplie.

Ainsi, comme le fait observer sans emphase sir S. Baker, en traversant des déserts brûlants et des sables arides, des terres humides, des jungles et d'interminables marécages, en surmontant des difficultés de toutes sortes, des fatigues écrasantes et des fièvres pernicieuses, il avait vu le lac Albert et bu aux sources du Nil.

Souvenons-nous que toutes ces tribulations, tous ces dangers ont été partagés par une femme qui a déployé dans toutes les phases de cette aventureuse expédition la con-

1. Allusion aux coiffures du Lira. (Voy. le chap. XII.)

stance, l'énergie, la fermeté d'un homme, et des mieux trempés, en même temps que la douceur de manières, l'esprit d'à-propos et la finesse diplomatique qui sont surtout l'apanage de son sexe.

« Étais-je réellement revenu des sources du Nil? s'écrie sir S. Baker. N'était-ce pas un songe? Un témoin était là devant moi : figure jeune encore, mais bronzée comme celle d'un Arabe, après des années d'exposition à un soleil dévorant, émaciée par les fatigues et la maladie, voilée par l'ombre de soucis heureusement dissipés aujourd'hui; compagne dévouée de mon long pèlerinage, à qui je dois le succès et la vie — ma femme! »

Ce n'est pas là de l'hyperbole. On ne saurait rendre un trop respectueux hommage à l'héroïsme de Mme Baker.

Des lettres d'Angleterre attendaient sir S. Baker au bureau du consulat d'Alexandrie.

La première qu'il ouvrit lui apprit que la Société royale de Géographie lui avait décerné la médaille d'or Victoria, au moment où l'on ne savait encore s'il était mort ou vivant et si son expédition avait eu un heureux résultat.

« Cette appréciation de mes travaux, dit-il en terminant sa narration, était la bienvenue la plus agréable qui pût accueillir mon retour à la civilisation, après tant d'années passées au sein de la barbarie; elle me rendait la découverte des sources du Nil doublement précieuse, puisque j'avais rempli l'attente que la Société de Géographie avait si généreusement conçue en m'accordant le prix avant même la fin de ma tâche. »

FIN

TABLE DES GRAVURES

CARTE

FIN DE LA TABLE DES GRAVURES.

TABLE DES MATIÈRES

FIN DE LA TABLE DES MATIÈRES

PARIS. — IMPRIMERIE ÉMILE MARTINET, RUE MIGNON, 2.

PARIS. — IMPRIMERIE ÉMILE MARTINET, RUE MIGNON, 2

www.ingramcontent.com/pod-product-compliance
Ingram Content Group UK Ltd.
Pitfield, Milton Keynes, MK11 3LW, UK
UKHW031844260826
14628UKWH00002B/568

9 782019 152765